中国家规

葛志强　主编　陈风　刘静仪　编著

山西出版传媒集团　　山西教育出版社

图书在版编目（CIP）数据

中国家规/葛志强主编；陈风，刘静仪编著.--
太原：山西教育出版社，2017.3（2020.6重印）
ISBN 978-7-5440-9099-5

Ⅰ.①中… Ⅱ.①葛… ②陈… ③刘… Ⅲ.①家庭教
育—研究—中国 Ⅳ.①G789.2

中国版本图书馆CIP数据核字(2017)第032487号

中国家规
ZHONGGUO JIAGUI

出 版 人	雷俊林
责任编辑	孙 宇
复 审	杨 文
终 审	郭志强
装帧设计	王耀斌
印装监制	蔡 洁
图片提供	广州集成图像有限公司
	杭州汇图网络科技有限公司
出版发行	山西出版传媒集团·山西教育出版社
	（地址：太原市水西门街馒头巷7号
	电话：0351-4035711 邮编：030002）
印 刷	阳谷毕升印务有限公司
开 本	720mm×1000mm 1/16
印 张	16.5
字 数	176千字
版 次	2017年3月第1版 2020年6月第5次印刷
印 数	7 001-12 000册
书 号	ISBN 978-7-5440-9099-5
定 价	59.00元

如发现印装质量问题，影响阅读，请与印刷厂联系调换。电话：0635-6173567

序言

从习近平论家风看"家规"的意义

陈定家

古人说，国有国法，家有家规。家规与家教、家风有着直接的关联。一向重视家教家风的习近平总书记，甚至把家庭建设提升到国家发展、民族进步、社会和谐层面来探讨。我们惊喜地看到，近年来，习近平总书记关于家庭、家教、家风发表了一系列重要讲话，把中国家庭建设推进到一个全新的阶段。例如，2015年2月17日春节团拜会上，习近平总书记说："家庭是社会的基本细胞，是人生的第一所学校。不论时代发生多大变化，不论生活格局发生多大变化，我们都要重视家庭建设，注重家庭、注重家教、注重家风……使千千万万个家庭成为国家发展、民族进步、社会和谐的重要基点。"家规既是家教家风的具体体现，也是家风家教的高度总结，从一定意义上讲，家规之于家庭，有如法律之于国家一样，具有须臾不可离的重要意义。我们从习近平承传家风与齐家治国的相关论述中注意到，中国家规、家训、家教包含着极为丰富的内容，值得我们花大力气学习和研究。可以肯定地说，习总书记论家教家风的系列讲话，不仅让我们感受到习总书记浓浓的"家国情怀"，感受到了他在家教家风中的表率作用，而且为我们更全面、更深刻地研究中国家规文化提供了极为宝贵的新立场、新观点和新方法。这里从三个方面谈谈我们对习近平讲话的一些粗浅的理解。

一、家庭是人生的第一所学校，是梦想启航的地方

2016年12月12日，习近平在会见第一届全国文明家庭代表时强调指出："我们要重视家庭文明建设，努力使千千万万个家庭成为国家发展、民族进步、社会和谐的重要基点，成为人们梦想启航的地方。要动员社会各界广泛参与家庭文明建设，推动形成爱国爱家、相亲相爱、向上向善、共建共享的社会主义家庭文明新风尚。"作为党和国家领导人，习近平如此重视家庭建设，这固然是时代发展的需要和社会进步的要求，但也和他个人的生活经验及社会阅历有关。事实上，习近平的个人成长经历，就是家规作为家教与家风之基石的最好例证。纽约大学终身教授熊玠在《习近平时代》一书中指出，习近平"继承了父亲实事求是、节俭诚朴的品格，并直截了当地呈现在施政方略的每一个细节之中。比如，他中止了春节期间国家领导人下基层的惯例——工作热情不必非得体现在这个中国最重要的节日，地方干部也可以安心与家人团聚；他简化了高层领导出行警车开道、中断交通的安保环节，并且放弃小轿车，集中乘坐面包车，而他的父亲以中央书记处书记之职去地方调研时，曾严肃制止了当地警车鸣笛开道的做法。"

习近平说得好，"家庭是社会的基本细胞，是人生的第一所学校"。他认为，家庭是人生的第一个课堂，父母是孩子的第一任老师。家庭教育涉及很多方面，但最重要的是品德教育，是如何做人的教育。要把美好的道德观念从小就传递给孩子，引导他们有做人的气节和骨气，帮助他们形成美好心灵，促使他们健康成长，长大后成为对国家和人民有用的人。广大家庭都要重言传、重身教，教知识、育品德，帮助孩子扣好人生的第一粒扣子，迈好人生的第一个台阶。

作为干部子弟，习近平自小受到"人生第一所学校"的精心培育和严格要求。习家的家教对习家子女来说可谓印象深刻，影响深远。习近平的父母经常教育子女要"勤俭持家、低调做人"。习仲勋和齐心同志一生保持着"勤俭"与"低调"的做人原则，这样的家规家风对习近平产生了深刻影响。2001 年 10 月 15 日，时任福建省省长的习近平因工作忙无法陪父亲过生日，于是，他心怀愧疚地给八十八岁的老父亲写了一封祝寿信。他在信中说："自我呱呱落地以来，已随父母相伴四十八年，对父母的认知也和对父母的感情一样，久而弥深，从父亲这里继承和吸取的高尚品质很多。父亲的节俭几近苛刻。家教的严格，也是众所周知的。我们从小就是在父亲的这种教育下，养成勤俭持家习惯的。这是一个堪称楷模的老布尔什维克和共产党人的家风。这样的好家风应世代相传。"

据习近平母亲齐心在《我与习仲勋风雨相伴的 55 年》中回忆："我们的两个儿子从小就穿姐姐穿剩下的衣服或者是花红布鞋……就是在仲勋的影响下，勤俭节约成了我们的家风。"据齐心同志说，习近平曾经为穿他姐姐的旧鞋子而受到同学们的嘲笑，但他的父母并没有因此而让他丢弃被人嘲笑的花鞋，而是让他把花鞋染黑了穿。法国的中国问题专家阿让·安德烈在他的著作中介绍："晚上，习仲勋经常和他的孩子们一对一地谈话，晚饭时间也是他教育孩子的机会。习近平的父亲经常引用孔夫子的话，包括著名的'己所不欲，勿施于人'，这强烈影响了习近平。"这些"家规严、家风正"的佳话，既彰显了共产党人特有的风骨，也为今天的干部起到了模范带头作用，同时也为全社会千千万万个家庭创建现代家规、树立良好家风、注重家庭建设提供了学习和借鉴的榜样。

二、家风是家庭的精神内核，也是社会的价值缩影

习近平对家教家风重视，还突出地体现在对干部子弟教育的问题上。他在党的第十八届中央纪律检查委员会第六次全体会议上指出："要留留神，防微杜渐，不要护犊子。干部子弟也要遵纪守法，不要以为是干部子弟就谁都奈何不了了。触犯了党纪国法都要处理，而且要从严处理。"习近平说："健康的家庭生活，可以滋养身心，鼓励领导干部专心致志工作。反过来，领导干部的思想境界和一言一行，又直接影响着家庭其他成员，在很大程度上决定着自己的家风家教。"要在家庭中培育和践行社会主义核心价值观，引导家庭成员特别是下一代热爱党、热爱祖国、热爱人民、热爱中华民族。要积极传播中华民族的传统美德，传递尊老爱幼、男女平等、夫妻和睦、勤俭持家、邻里团结的观念，倡导忠诚、责任、亲情、学习、公益的理念，推动人们在为家庭谋幸福、为他人送温暖、为社会作贡献的过程中提高精神境界、培育文明风尚。

习近平还多次指出："领导干部要把家风建设摆在重要位置。"因为领导干部的家风，不是个人小事、家庭私事，而是领导干部作风的重要表现。干部作风又必然关系到执政党的作风。"党的作风就是党的形象，关系人心向背，关系党的生死存亡。"从近年来查处的腐败案件看，家风败坏往往是领导干部走向严重违纪的重要原因。不少领导干部不仅在前台大搞权钱交易，还纵容家属在幕后收钱敛财，子女

等也利用父母影响经商谋利、大发不义之财。有的将自己从政多年积累的"人脉"和"面子",用在为子女非法牟利上,其危害不可低估。据《人民日报》披露:中央纪委近年来查处的党员干部违纪案件中,约四成与其家庭成员有关。由此可见,领导干部的家风家规绝不是个人私事。在党的十八届中央纪律检查委员会第六次全体会议上,习近平再次对广大领导干部提出了"廉洁修身、廉洁齐家"的要求。这一要求写进了中共中央印发的《中国共产党廉洁自律准则》中,这是"齐家"首次写进了党内规章。

为什么家庭建设的重要性会得到总书记如此高度的重视呢?因为他注意到,家风连着民风,连着党风,连着国风,承前启后,继往开来,千千万万个家庭就是国家发展、民族进步、社会和谐的重要基点。因此,"不论时代发生多大变化,不论生活格局发生多大变化,我们都要重视家庭建设,注重家庭、注重家教、注重家风"。在习近平总书记看来,"家风是一个家庭的精神内核,也是一个社会的价值缩影"。如前所述,习近平对家庭、家教、家风的重视与感受,与其本人自身的成长经历密不可分。而作为国家领导人,他对家风的重视与强调也有着比常人更多的拳拳深意。2014年"五四"青年节,习近平在与北大师生交流时称赞青年一代"可爱、可信、可贵、可为",并指出"修身、齐家、治国、平天下"是历史赋予青年人的时代责任。在习近平看来,弘扬中华民族家庭美德、树立良好家风,关系到家庭和睦,关系到社会和谐,关系到下一代健康成长。同时,他不仅以身作则传承优良的家风、党风和传统文化,更将家风建设与精神文明、道德法治、廉政肃风等齐齐并举。习近平说:"培育和弘扬优良家风,不仅是提升社会良性治理的需要,也是满足人民群众和谐幸福要求的需要。"为此,习近平总书记号召"各级领导干部要带头抓好家风，继承和弘扬革命前辈的红色家风，向焦裕禄、谷文昌、杨善洲等同志学习，做家风建设的表率。各级领导干部要教育亲属子女树立遵纪守法、艰苦朴素、自食其力的良好观念，明白见利忘义、贪赃枉法都是不道德的事情，要为全社会做表率"。总之，家风是家庭的精神内核，也是社会的价值缩影。

三、传统家庭美德是中华民族生生不息、薪火相传的重要精神力量

家庭作为社会的细胞，直接关系到国家的前途和命运。在会见第一届全国文明家庭代表时，习近平强调，家庭和睦则社会安定，家庭幸福则社会祥和，家庭文明则社会文明。他认为，千家万户都好，国家才能好，民族才能好。国家富强，民族复兴，人民幸福，最终要体现在千千万万个家庭都幸福美满上，体现在亿万人民生活不断改善上。我们还要认识到，国家好，民族好，家庭才能好。只有实现中华民族伟大复兴的中国梦，家庭梦才能梦想成真。广大家庭都要把爱家和爱国统一起来，把实现家庭梦融入中国梦之中，心往一处想，劲往一处使，用我们四亿多家庭的智慧和热情汇聚起实现"两个一百年"奋斗目标、实现中华民族伟大复兴中国梦的磅礴力量。

习近平在孔子的故乡曲阜考察时说，对历史文化特别是先人传承下来的道德规范，要坚持古为今用、推陈出新，有鉴别地加以对待，有扬弃地予以继承。国无德不兴，人无德不立。只要中华民族一代接着一代追求美好崇高的道德境界，我们的民族就永远充满希望。习近平指出："中国古代历来讲格物致知、诚意正心、修身齐家、治国平天下。从某种角度看，格物致知、诚意正心、修身是个人层面的要求，

齐家是社会层面的要求，治国平天下是国家层面的要求。"家风对于个人、家庭、社会和国家的发展都具有重要意义。领导干部要懂得"修身、齐家、治国、平天下"的道理，抓好自身修行，管好家人，培育和建设良好家风。

2015 年 2 月 27 日，习近平主持召开中央全面深化改革领导小组第十次会议，审议通过了《上海市开展进一步规范领导干部配偶、子女及其配偶经商办企业管理工作的意见》。《意见》指出："各级党委（党组）要重视领导干部家风建设，把它作为加强领导班子和领导干部作风建设的一项重要内容，定期检查有关情况。"2015 年 12 月 28 日至 29 日，习近平在中央政治局专题民主生活会上指出："中央政治局的同志不能有权力上、地位上的优越感。无论公事私事，都要坚持党性原则，都要加强自我约束，鼓励和欢迎下级和身边工作人员监督，不折不扣执行党的纪律和规矩。对亲属子女和身边工作人员，要严格教育、严格管理、严格监督，发现问题及时提醒、坚决纠正。""国计已推肝胆许，家财不为子孙谋。"干部对亲属决不能因为亲情而睁一只眼闭一只眼，一旦发现亲属有利用自己职权谋利的倾向，就要坚决制止，防止小错酿成大祸，保证家庭风清气正。

习近平强调重视家庭建设，注重家庭、注重家教、注重家风；要求各级领导干部要把家风建设摆在重要位置，廉洁修身、廉洁齐家。这些讲话，可谓切中时弊，令人警醒。我们注意到，近年落马的"老虎"，既有"贪腐齐上阵的父子兵"，又有"弄权又弄钱的夫妻店"，还有"敛财总动员的全家腐"，"不正家风所带来的废职亡家"的惨痛教训，也都是家规教育发人深省的反面教材。

中华民族历来重视家庭。中华民族传统家庭美德铭记在中国人的心灵中，融入中国人的血脉中，是支撑中华民族生生不息、薪火相传的重要精神力量，是家庭文明建设的宝贵精神财富。无论时代如何变化，无论经济社会如何发展，对一个社会来说，家庭的生活依托都不可替代，家庭的社会功能都不可替代，家庭的文明作用都不可替代。习近平总书记希望大家注重家庭、注重家教、注重家风。他有关家教家风的这一系列讲话，不仅为我们更全面更深刻地研究中国家规文化提供了极为宝贵的新观点、新视角和新方法，也为我们从家庭文化角度继承优良传统，坚定文化自信，积极投身中华民族的伟大文化复兴提供了动力，指明了方向。

（序言作者为中国社会科学院研究员）

目　录

劝学篇

励志篇

家范篇

家训以《颜氏家训》为祖

　　《颜氏家训》是中华民族历史上第一部内容丰富、规模宏大的家训，也是一部学术著作。作者颜之推，是北齐著名的历史学家、文字音韵学家、教育思想家。《颜氏家训》成书于隋文帝灭陈国以后，隋炀帝即位之前（6世纪末）。

　　颜之推（531—约590以后），琅邪临沂（今属山东）人。他的一生经历了频繁的朝代更替，从而也造就了他不平凡的人生。十九岁时他开始了仕途生涯，二十一岁在郢州治所夏口（今湖北武汉），时值侯景叛乱，颜之推被俘，押送建康（今南京）。叛乱被平后，萧绎称帝，迁都江陵，颜之推被封为散骑侍郎。万余卷秘阁藏书及公私典籍，得以尽读，开阔了知识面。正当颜之推前程似锦时，江陵政权又被西魏所灭，他被遣往西魏都城长安，从此开始了漂泊生涯。

　　颜之推耻于出仕西魏，便利用黄河涨水之机，举家冒险逃奔北齐。在由北齐转归梁朝的途中，被北齐文宣帝高洋留用。此时梁朝已被陈氏所代替，颜之推只好出仕北齐，先出任文林馆学士，后官至黄门侍郎。

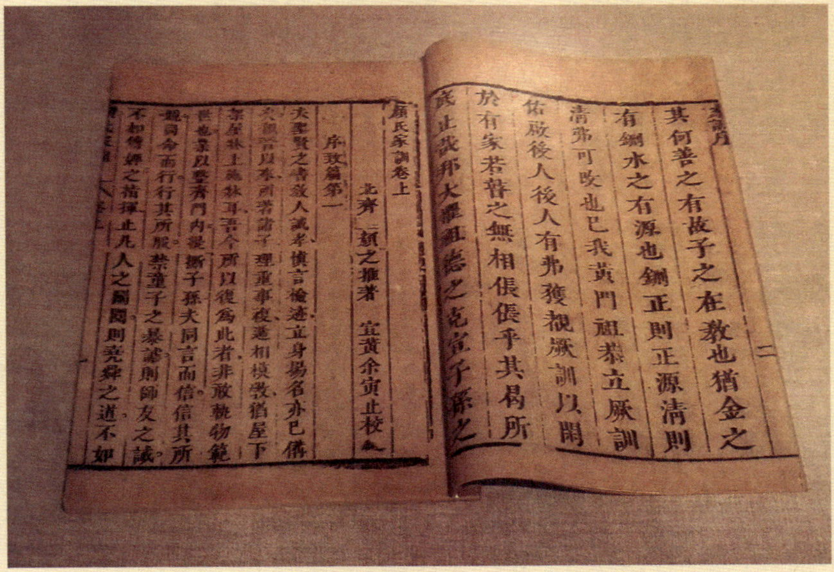
顔氏家訓卷上
北齊 顔之推 著
序致篇第一
其何善之有故子之在教也猶金之
有鋼水之有源也鋼正則正源清則
清弗可改也已我黄門祖恭立厥訓
佑啟後人後人有弗獲覩厥訓以閑
於有家若瞽之無相倀倀乎其曷所
二

《颜氏家训》书影

公元 576 年，北周吞并了北齐，颜之推生平第三次成为俘虏，被遣送到长安。公元 581 年，隋朝建立，他又被召为修文殿学士。依他自叙，"予一生而三化，备荼苦而蓼辛"，曾叹息自己"三为亡国之人"。

颜之推的一生，饱尝政治沉浮之苦。正是这种不平凡的经历，让他感触颇多。他为了教育子孙，以保持自己家庭的传统与地位，根据自己的经历写出了一部系统完整的家庭教育教科书——《颜氏家训》。这本书是他一生关于士大夫立身、治家、处世、为学的经验总结，他也因一部《颜氏家训》而享千秋盛名。

《颜氏家训》首先把读书做人作为家训的核心，其次是选择正确的人生偶像，第三是确立家庭教育的各项准则。《颜氏家训》对后世有重要影响，特别是宋代以后，影响更大。宋代朱熹的《小学》、清代陈宏谋的《养正遗规》，都取材于《颜氏家训》。不唯朱、陈二人，唐代以后出现的数十种家训，都直接或间接地受到《颜氏家训》的影响，所以，中国古代著名百科全书《古今事物考》的作者，有明一代的海内鸿儒王三聘说"古今家训，以此为祖"。

《颜氏家训》全书共二十篇，涉及的范围相当广泛，但主要是以传统儒家思想教育子弟如何修身、治家、处世、为学等，其中不少见解至今仍有借鉴意义。如提倡学习，反对不学无术；认为学习应以读书为主，还要注意掌握工农商贾等方面的知识；主张"学贵能行"，反对空谈高论、不务实际等。鄙视和讽刺南朝士族的腐化无能，认为那些贵游子弟大多不学无术，只讲求衣履服饰，一旦遭逢乱离，除转死沟壑，别无他路可走。对于北朝士族的觍颜媚敌，他也深表不满。书中往往通过插叙自身见闻，寥寥数语,便将当时社会的人情世态,特别是士族社会的谄媚风气,写得淋漓尽致。如《教子》篇云:"齐朝有一士大夫,尝谓吾曰:'我有一儿,年已十七,颇晓书疏,教其鲜卑语及弹琵琶,稍欲通解,以此伏事公卿,无不宠爱,亦要事也。'吾时俛而不答。异哉,此人之教子也!若由此业,自致卿相,亦不愿汝曹为之。"语言朴实而生动,当时士大夫的心态跃然纸上。

从总体上看,《颜氏家训》是一部有着丰富文化内蕴的作品,在家庭伦理、道德修养方面在今天有着重要的借鉴作用。

《颜氏家训》作为中国文化史上的一部重要典籍,不仅表现在该书"质而明,详而要,平而不诡"的文章风格,以及"兼论字画音训,并考正典故,品第文艺"的内容方面,而且还表现在该书"述立身治家之法,辨正时俗之谬"的现世精神上。因此,历代学者对该书推崇备至,视之为垂训子孙以及家庭教育的典范。

纵观历史,颜氏子孙在操守与才学方面都有惊世表现,光以唐朝而言,注解《汉书》的颜师古,书法为世楷模的颜真卿,凛然大节震烁千古、以身殉国的颜杲卿等人,都让世人对颜家的不同凡响印象深刻,更足证其祖所立家训之效用彰著。即使到了宋元两朝,颜氏族人也多入仕,令人钦羡不已。

范仲淹先忧后乐创义庄

坐落在今天江苏省苏州市范庄前巷的苏州景范中学原为先贤范文正公创办的义庄、义学旧址。文正是范仲淹的谥号。范仲淹，世称"范文正公"，生于989年，殁于1052年。千百年来，范仲淹及其后人于此接济贫困、设立义学、鼓舞风气，形成了独有的义庄文化，而"义庄文化"的核心，则是范仲淹"不以物喜，不以己悲"的胸怀、"先天下之忧而忧，后天下之乐而乐"的范公精神。

众所周知，中国古代的思想家无不强调仁与爱的统一。仁爱的根本要求是爱人、助人、利人。因此，博施济众、扶危济困、热心公益成为中华民族的优良传统。历代的许多思想家、政治家以及民间士绅、百姓都是这种观念的倡导者和力行者。因此，以宗族为重要纽带的中国封建社会传统家训文化就有极为丰富的公益教化内容。这主要表现在以下几个方面：

一是家训作者都把尽自家财力、物力资助贫苦族党乡人视为为人处世的基本准则。比如，被宋、元、明三朝皇帝旌表的浙江浦江郑氏家族在其家训《郑氏规范》中规定：对族人要多加体恤帮助，缺粮者每月给谷六斗；不能婚嫁者助之；乡邻无家可归者给房屋居住；无子孙的乡邻死亡后，出棺材安葬。

二是许多家训都特别强调周济鳏寡孤独。在这方面，韶山毛氏宗族的《家劝》，甚至把"矜怜孤寡"编成歌诀训诫族人："天下穷民有四，孤寡最宜周全。儿雏母苦最堪怜，况复加之贫贱。寒则予以旧絮，饥则授之余膳。积些阴德福无边，劝你行些方便。"

三是家训作者们告诫子弟家人对公益事业要积极支持，仗义疏财，出钱出力予以赞助，不因善小而不为。明代袁黄的《了凡四训》将"兴建大利"作为积善的重要途径之一，要求子孙"小而一乡之内，大而一邑之中，凡有利益，最宜兴建。或开渠导水，或筑堤防患；或修桥梁，以便行旅；或施茶饭，以济饥渴。随缘劝导，协力兴修，勿避嫌疑，勿辞劳怨"。

四是未雨绸缪，积谷储粮以备荒年赈贫，或者灾荒年月减免租税，帮助穷困佃户乡人。清代康熙年间监察御史蒋伊的《蒋氏家训》就规定："积谷本为防饥，若遇饥荒，须量力济人。不得因歉岁，反闭粜以邀重价"；"不得逼迫穷困人债负及穷佃户租税，须宽容之，令其陆续完纳。终于贫不能还者，焚其券"。

五是设立义庄，创立"社仓之制"，倡富济贫。晚清"中兴第一名臣"曾国藩在写给弟弟的信中，倡议效仿朱熹创立的"社仓之制"，先由自己出钱捐谷二十石，在家乡建立社仓，除自家每年增之以外，还动员附近富家捐粮，增加储备，以便灾年赈助乡里贫民。这种倡富济贫的做法，大大有助于乡里穷苦百姓。

在存世家谱中，最早用俸禄置田产、收地租，用以赡族人、固宗族而设立义庄的就是本文开头提到的范仲淹。

范仲淹出身贫寒，从小随母谢氏改嫁山东淄州长山县（今山

民国时，苏州"先忧后乐"牌楼

东邹平县长山镇）一户朱姓人家，自此范仲淹改名朱说（同"悦"）。由于特殊的经历，范仲淹从小生活俭朴。他看到朱家兄弟生活奢侈浪费，便常加规劝。朱氏兄弟很是反感，讥讽他说："我们用朱家的钱，关你何事？"范仲淹惊问母亲，当得知自己的身世以后，便辞母外出求学，更加发愤苦读。考中进士、做了广德军司理参军后，范仲淹将母亲接回奉养，并恢复自己的姓氏。

在范仲淹六十一岁的时候，他从邓州调往杭州任知州。后来，范仲淹虽然位至宰相，俸禄丰厚，但毕生节俭，且不为子女留下钱财，而是全部用于扶危济困，把乐于助人之仁德传给子孙。对子女家人，他也是反复申明"俭以养德"的道理。饮食上，粗茶淡饭，除非宾客上门，否则"食不重肉"。他的儿子们曾请求他在洛阳购买一所宅第，造个花园，以便退休养老时可以享用。他却说："吾今年逾六十，生且无几，乃谋治第、树园圃，顾何待而居乎？吾之所患，在位高而艰退，不患退而无居也。且西都士大夫园林相望，为主人者莫得常游，而谁独障吾游者？岂必有诸己而后为乐耶？俸赐之余，宜以赒宗室。"范仲淹出将入相几十年，所得的俸钱，也都作了布施救济之用，所以家用极为节俭，他死的时候，甚至连丧葬费都不够。

范仲淹曾在家乡苏州置地十余顷，设置了将所得租米分发族人的义庄，并制订《义庄规矩》。为此，他还写了《家训百字铭》，教育子女"先忧后乐"、兄弟互相助、怜恤孤寡贫、博爱惜生灵。家训虽然仅百余字，却是字字珠玑、句句箴言，不仅被范氏后裔奉为传家至宝，对后世也影响深远：

孝道当竭力，忠勇表丹诚；兄弟互相助，慈悲无边境。

勤读圣贤书，尊师如重亲；礼义勿疏狂，逊让敦睦邻。
敬长与怀幼，怜恤孤寡贫；谦恭尚廉洁，绝戒骄傲情。
字纸莫乱废，须报五谷恩；做事循天理，博爱惜生灵。
处世行八德，修身奉祖神；儿孙坚心守，成家种善根。

范仲淹治家甚严，对子女的教育强调忠恕之道，教导子女做人要正心修身，积德行善。在其教育下，四个儿子从小熟读经书，长大后学有所成，为人正直。范家乐善好施，家风俭朴。范仲淹的长子范纯佑，十六岁随父防御西夏，屡立战功，是范仲淹的得力助手；次子范纯仁，后任宰相，在五十年为官生涯中，恪尽职守；三子范纯礼，官至尚书右丞；四子范纯粹，官至户部侍郎。因受其父言传身教，他们都正义敢言，关爱百姓，以清正廉洁、怜孤恤贫著称。

《义庄规矩》由范仲淹于皇祐二年（1050）订，后由其子范纯仁、范纯礼等后代陆续修订，逐渐完善。这项规则在治平元年（1064）得到了朝廷首肯，并下令在苏州一带施行。从此，开创了义庄先例。为此，族人在天平山白云寺先公祠堂旁刻石立碑，以示子子孙孙"遵承勿替"。这样一来，各地官员、士绅纷纷效仿，设置义田、义庄。这也许是封建家族加强宗法统治秩序的手段，但周恤贫困，使得许多穷苦农民免遭饥寒之苦，实在值得在中国古代慈善事业发展史上大书一笔！据民国《吴县志·义庄》记载，范氏义田原来只有一千多亩，但由于范氏族人不断捐助，到了清朝宣统年间增加到五千三百亩。义庄维持了八九百年之久。

《义庄规矩》自此成为家规族约中首创的一种类型。

"齐家通鉴"——《家范》

在中国浩如烟海的史籍中，与司马迁的《史记》可以相提并论的另一部史学著作是司马光的《资治通鉴》。

司马光（1019—1086），字君实，陕州夏县涑水乡（今属山西）人，世称"涑水先生"。宝元元年（1038）中进士，历仕仁宗、英宗、神宗、哲宗四朝。司马光自幼聪明颖悟，《宋史》载："光生七岁，凛然如成人，闻讲《左氏春秋》，爱之，退为家人讲，即了其大指。自是手不释书，至不知饥渴寒暑。"

宋英宗时，司马光常苦于历代史籍浩繁，帝王不便阅览，遂撰《通志》八卷，英宗大喜，命置之秘阁，继续撰写。等到宋神宗即位后，更重视此书，正式赐书名为"资治通鉴"，并亲自为此书作序，而且令司马光为他每日进读。也正因此，司马光得以成为神宗的亲近侍从。从此，后世的君臣将相，没有不读《资治通鉴》的。为什么呢？这是因为《资治通鉴》"鉴前世之兴衰，考当今之得失"，给统治者提供治国经验，所以为历代帝王所看重。

司马光还有一部名为《家范》的著作，却很少有人知晓。司马光自己认为，《家范》比《资治通鉴》更重要。他说，欲治其国者，必先齐其家。就研究立身处世和处理复杂的身边矛盾而言,《家范》确实比《资治通鉴》更重要, 更实用。现代人需要从古训中汲取智慧, 做一个世事练达之人。

司马光在《家范》卷首引用《大学》里的一段话, 来阐明他写《家范》的目的:"欲治其国者, 先齐其家; 欲齐其家者, 先修其身……心正而后身修, 身修而后家齐, 家齐而后国治, 国治而后天下平。"司马光自己也说:"所谓治国必先齐其家者, 其家不可教而能教人者, 无之。"古人把齐家和治国看得同等重要, 甚至认为齐家是本, 治国是末, "本乱而末治"是不可能的。家都管不好, 子弟都教育不好, 怎么能教育别人呢? 所以, 司马光是把齐家提到治国的高度来写《家范》的, 所谓"圣人正家以正天下者也"。

《四库全书总目提要·家范》载,《家范》十卷, 宋司马光撰。光所著《温公易说》诸书已别著录, 是书见于《宋史·艺文志》《文献通考》者, 卷目俱与此相合, 犹当时原本。自颜之推作家训以教子弟, 其议论甚正, 而词旨泛滥, 不能尽本诸经训。至狄仁杰著有《家范》一卷, 史志虽载其目, 而书已不传。光因取仁杰旧名, 别加甄辑, 以示后学准绳。首载《周易·家人卦》《大学》《孝经》《尚书·尧典》《诗经·思齐》, 即其全书之序也。自治家至乳母, 凡十九篇, 皆杂采史传事可为法则者, 亦间有光所论说与朱子《小学》。义例差异而用意略同。其节目备具, 切于日用, 简而不烦, 实足为儒者治行之要。朱子尝论《周礼》师氏云:"至德以为道本, 明道先生以之; 敏德以为行本, 司马温公以之。观于是编, 其型方训俗之规, 尤可以概见矣。"

　　《家范》被历代推崇为家教的范本，全书共十九篇，系统地阐述了封建家庭的伦理关系、治家原则，以及修身养性和为人处世之道。司马光在《家范》中提出了四个治家的原则：即以礼治家、以身作则、以偏为戒、以德为富。书中引用了许多儒家经典中的治家、修身格言，对后世颇有启发。书中还收集了大量历代治家有方的实例和典范，以为后人树立楷模。

　　司马光为人正直，为官清廉，居处得法，举止有礼，忠信仁孝，治家有方，以身作则，为后人树立了做人和治家的榜样。所以，他的《家范》更有实际意义。

　　《家范》是一部有着完整治家理念的家训，与其《资治通鉴》的理念是一致的。因此，《家范》常被视为《资治通鉴》的姊妹篇，可称之为"齐家通鉴"，以"史"来资于治家，表达了一代名臣的治家理念和风范。《训俭示康》则单独对其子司马康提出了"以俭为美"的家风要求，作为对四个治家原则的补充，真可谓为百代万家立了典范！

世范俗训厚人伦美习俗

在中国家训史上，《颜氏家训》被誉为"家训之祖"。而被后人评论为能与《颜氏家训》相提并论的另一部家训之作，便是南宋士大夫袁采（？—1195）所作的《袁氏世范》。《四库全书总目提要》曰："其书于立身处世之道，反复详尽，所以砥砺末俗者，极为笃挚。虽家塾训蒙之书，意求通俗，词句不免于鄙浅。然大要明白切要，使览者易知易从，固不失为《颜氏家训》之亚也。"

袁采，字君载，号梧坡，信安（今浙江衢县）人。早年做过太学生，宋孝宗隆兴元年（1163）中进士，后官至监登闻鼓院，掌管军民上书鸣冤等事宜。乾道四年（1168）任萍乡县主簿。淳熙五年至九年（1178—1182）任乐清知县，淳熙九年转任政和知县。绍熙元年（1190）担任婺源知县。著有《政和杂志》《县令小录》，并主修《乐清县志》十卷。但他对世人影响最大的还是用以淳正风俗、化导人伦的治家格言之作《袁氏世范》。

袁采作《袁氏世范》的初衷是希望普通乡间不识字的人也能看懂，要论的是"世俗事"，内容超出一般家训的范围，更为具体、委细和宽广，是关于世俗事务的教训之书，被归为广义家训。故

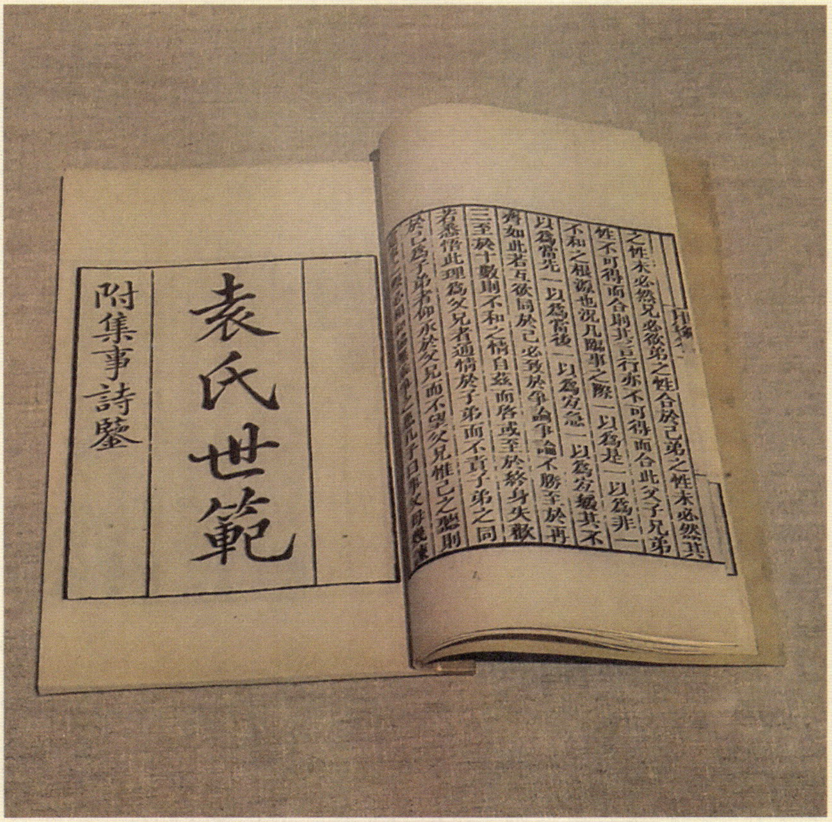

《袁氏世范》书影

而书成之后，取名为《俗训》，明确表达"厚人伦而美习俗"的宗旨。同乡刘镇作序时认为其书不仅"可以行之一时"，更"垂诸后世可也"，因而改书名为"世范"，《袁氏世范》由此而得名。

《袁氏世范》共《睦亲》《处己》《治家》三卷，每卷之下又分几十个条目。《睦亲》论及父子、兄弟、夫妇、妯娌、子侄等各种家庭成员关系的处理，具体分析了家人不和的原因、弊害，阐明了家人族属如何和睦相处的各种准则，涵盖了家庭关系的各个方面。《处己》纵论立身、处世、言行、交游之道。《治家》基本上是持家兴业的经验之谈。还有置办田产，要公平交易；经营商业，不可掺杂使假；借贷钱谷，取息适中，不可高息；兄弟亲属分割家产，要早印阄书，以求公正免争；田产的界至要分明；尼姑、道婆之类人等不可延请至家；等等。

袁采担任主簿和知县以后，作为活动于基层社会、为政一方的父母官，留心吏治，致力于化民成俗。因此，《袁氏世范》与以往家训相比，更兼具开明的民主意识，以平等观念主张人道关怀。

袁采在家庭生活中，提倡所有成员平等。父子兄弟之间都是平等的，可以保持各自的性格特点，即便是家中的长辈，也要以自己的修养来树立自己的威信，而不能压服别人，子女也没必要屈从长辈的权威。更强调父母应对所有的子女一视同仁，不能有偏心。袁采主张家人之间应当交流、理解与适应，以解决父兄与子弟之间的矛盾关系，实现家庭和睦。

袁采作为封建地主阶级的官僚、士大夫，要求家人对待奴婢和佃户要有人道关怀。在家庭中，对待奴婢要宽恕，奴婢有过错

袁氏世範卷一

吳郡袁氏傳經堂家乘本

睦親

性不可以強合

人之至親莫過於父子兄弟而父子兄弟有不和者父子或因於責善兄弟或因於爭財有不因責善爭財而不和者世人見其不和或就其中分別是非而莫明其由蓋人之性或寬緩或褊急或剛暴或柔懦或嚴重或輕薄或持檢或放縱或喜閒靜或喜紛挐或所見者小或所見者大所稟自是不同父必欲子之性合於己子

《袁氏世范》书影

要多教诲，不可动辄鞭打辱骂，即使犯有奸盗等罪，也要送官府治罪；要关心奴婢的生活，保证其吃饱穿暖；奴婢有病应送外医治；雇用奴婢年满要送还其家。袁采也要求家人要体恤佃户，视同骨肉，当佃户遇到生育婚嫁等事宜，应当优厚抚恤；如遇水旱之年，要视其情况少收租息等。

此外，《袁氏世范》里有许多句子都是金玉良言，如："小人为恶不必谏""小人当敬远""厚于责己而薄责于人""家成于忧惧，破于怠忽""觉人不善知自警"等。语言质朴通俗，规范便于操作，更可贵的是其字里行间透露出的民主平等观念与开明人道关怀。

该书与以往家训不同的是，既没有引用大量的经典文献，也没有辑录许多范例，而是根据自己的人生经验，用通俗易懂的语言讲述有关治家、教子、做人等方面的道理。此外，以前的家训主要是用以规范自己的家人子弟的言行，袁采的广义家训更重要的则是为了践行伦理教育，美化风俗习惯。如其在后记所言，他希望世人读了此书后能有所收获，减少纷争、诉讼及犯罪行为，使世风"醇厚"。他说："人或好恶不同，互是迭非，必有一二契其心者，庶几息争省刑，俗还醇厚。圣人复起，不吾废也。"他把"田夫野老、幽闺妇女"作为写作对象，以自己的经历、见闻、感悟和民间常闻习见的谚语说事，细心启诱，反复训诫，立志训俗。《袁氏世范》成书后，很快便成为私塾学校的训蒙课本，后世甚为推崇，将之奉为家训至宝。

《同居诚言》开家范典范

西汉中山靖王刘胜后裔，因避吴越王钱镠讳而一度改姓金。景明一族于后唐清泰二年（935）由浙江天台迁居东阳巍山，成为东阳始祖，三传到从鉴。从鉴生四子十三孙，再传二十七孙，又再传七十七孙，总数达到五百余口，同居合食，日会于祖宅，钟鸣鼎食，和乐一堂。

刘从鉴生于宋开宝八年（975），卒于宋仁宗庆历七年（1047）。宋太平兴国元年（976），修谱复刘姓时，刘从鉴年仅两岁，后求学、考功名、为官吏，直至致仕返乡，训育子孙，广行善事，为子孙所铭记。他的儿子刘祚评价其父亲说："吾父天性敦厚，孝友忠信，推仁佩义。勤俭以立家，强毅以率众，和厚以处己。深沉简语，人望之而不敢亵语。"乡邻评价刘从鉴说："乡姻里士皆称为善人，长者尊而信之。"

东阳刘氏祖孙之所以能够"七世同居"，刘从鉴总结说，都是因为孝悌仁让，需要早晚省察，"思其所当为，咎其所既往，以臻淳俗，光先世而启后人"。

宋元祐九年（1094）三月二十六日，钦差大臣罗适深为从鉴祖孙七代的孝义仁风所感动，挥大笔书写"义门"两字以赠，又在刘金氏的家谱上题词加以褒扬："人之子孙，相聚及七世不析居，同爨而食者凡五百余口，无憎爱，无亲疏，无怨不足者，此亦难有也。彼兄弟不相养，父子有间言者闻之，得无愧乎？子孙当守而终之，更能教子孙以道义，使世学为儒为君子，此善之终者也。"宋政和二年（1112）八月十五日，宋徽宗下了一道诏书，全文如下：

宋敕中奉大夫光禄卿刘从鉴

奉天承运，皇帝诏曰：治道以风化为先，民俗以敦厚为贵。朕赞承丕绪，日夜忧勤，尝念民俗之伦，益严劝率之政。据郡举故江南西路转运副使金从鉴，服官效劳，居家敦谊，亲贤睦族，七世同居。俾天下之俗皆然，斯唐虞之治可并。兹特赠为中奉大夫光禄卿，赐紫金鱼袋，有司仍立"义门"，书"江南第一家"以旌异之，庶善知所劝，民皆向风矣。故敕。

政和二年八月十五日

宋徽宗之所以要下诏书赠从鉴公为中奉大夫光禄卿，赐紫金鱼袋，命"有司仍立'义门'，书'江南第一家'"，是那时宋王朝正处于危难之际，为把刘氏治家经验推而广之，作为安邦治国的借鉴。

后来，明太祖朱元璋赐封浙江浦江县郑宅镇郑宅村郑氏家族"江南第一家"时（自南宋至明代，合食义居十五世计三百四十余年，人称"郑义门"），殊不知，东阳的"江南第一家"那时已屹立了二百七十多年。

　　宋庆历八年（1048），刘祚以父亲为家范写下了一份家规，取名《同居诚言》，阐明了仁厚忠信、推仁佩义、以孝友治家、躬行实践的重要意义和具体做法。其后则有元朝宋濂的老师黄潽见之，题跋赞刘氏至刘祚"同居之义乍闻于世"，"余忝同郡，稔矣"。后来宋濂特地到东阳巍山的茶场考证并留诗一首，复赞曰："刘氏之家，举世何如！"这也是对崇尚孝义、和谐相处的刘金氏"七世同居"的充分肯定和热情勉励。

治家奉《治家格言》为经

　　清代初期理学家、教育家朱柏庐（1617—1688）所著《治家格言》，是三百多年来流传最广的家庭教育通俗读物，世称《朱子家训》。

　　在讲解朱柏庐的《朱子家训》前，我们务必先要弄清楚另外一个版本的《朱子家训》。《朱子家训》有二：一为南宋著名理学家朱熹所作，二为清代朱柏庐所作。朱柏庐所作《朱子家训》原名为《治家格言》，朱熹所作《朱子家训》原题为《紫阳朱子家训》（"紫阳"是朱熹的别号）。朱熹的《朱子家训》和朱柏庐的《治家格言》是在不同时代由不同的朱家先贤所撰写的不同传世巨作。但世人多把他们的文章搞混了，通常人们多以《朱子家训》来称呼朱柏庐的《治家格言》，反而朱熹真正的《朱子家训》一般人多不了解。

　　朱柏庐，名用纯，字致一，明末清初江苏昆山县玉山人，为朱熹第十三世孙。朱柏庐一生没有轰轰烈烈的壮举，没有惊天动地的丰功伟绩，他清清白白做人，认认真真读书，由此提炼出一部《治家格言》，世称《朱子家训》。《治家格言》问世以来，流

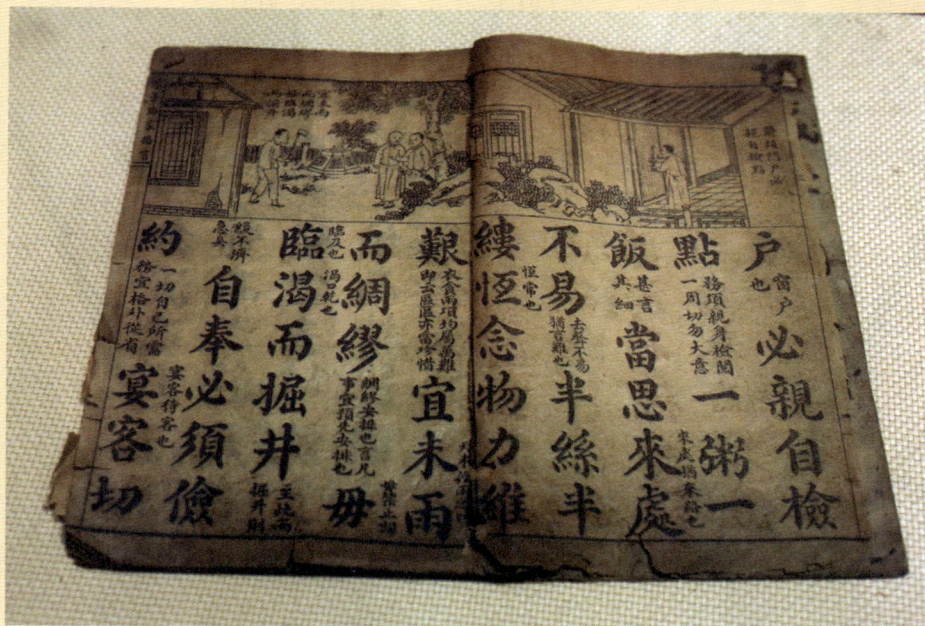

《朱子治家格言》书影

传甚广，被尊为"治家之经"，清至民国年间一度成为童蒙必读课本之一。《治家格言》精辟地阐明了修身治家之道，是家教名著，通篇意在劝人要律己修身，克勤克俭。

幼年的朱柏庐在家乡昆山致力于读书，希望通过科举考试走上仕途。然而，清顺治二年（1645），清军围攻朱柏庐家乡苏州昆山城，他的人生也随之发生转变。朱柏庐的父亲朱集璜虽是一介书生，也毅然上阵，挥刀杀敌。城破后，朱集璜投水殉国。朱柏庐昼夜恸哭，痛不欲生。父亲的死使朱柏庐的心灵受到很大震动，他决心要向父亲那样，坚持民族气节，决不屈膝事敌。

当时，朱柏庐的弟弟用白、用锦尚幼，从商遗腹未生。年轻的朱柏庐带着母亲和弟弟逃出昆山城，从此他上侍奉老母，下抚育弟妹，辗转流离，备尝艰辛。待局势稍定，方返故里。他为殉难的父亲守孝，因敬仰晋人王裒在父亲墓前搭草庐而居、攀柏树悲号之义，自号柏庐。在《清史稿》《清史列传》和《孝义篇》中，朱柏庐都无一例外被列为"孝义第一"。

朱柏庐以号明志，始终未入仕，一生教授乡里，授以小学、《近思录》等，曾用精楷手写数十本教材用于教学。朱柏庐早年在授课之余，潜心研究程朱理学，认真阅读远祖朱熹著作，特别是收录在《朱氏宗谱》中有关家训的文章。他仔细揣摩朱熹建家立业的根本思想，总结前人的生活经验和教训，并联系自己的感受体会，编写出《治家格言》，作为家庭成员的日常生活准则。《治家格言》虽只有五百余字，却内容扎实，源于实践又具备理性的高度。同时，全文采用韵文的方式，朗朗上口，形成朱柏庐自己的家训格言警句风格。

　　《治家格言》承继远祖家训，集儒家做人处世方法之大成，涵盖了劝勉勤学、励志自强、谦和体恤、明理向善、本分守常、修身律己等家训家规的诸多方面，朴素又凝练地体现了中国优秀文化传统对修身立世的要求。其中不乏脍炙人口的经典家训，如：

　　<u>黎明即起，洒扫庭除，要内外整洁。既昏便息，关锁门户，必亲自检点。</u>

　　<u>一粥一饭，当思来处不易；半丝半缕，恒念物力维艰。</u>

　　<u>宜未雨而绸缪，毋临渴而掘井。</u>

　　<u>自奉必须俭约，宴客切勿流连。</u>

　　朱柏庐将这篇《治家格言》恭恭敬敬地以颜体楷书抄写了一幅，挂在客厅墙上，用以勉励家人；另抄一幅挂在书房最显眼处，用以督促自己。朱柏庐一生如《治家格言》所要求，律己修身，克勤克俭，生活中也处处给家人作表率。他常对夫人说："居身务期质朴，教子要有义方。"他七十岁生日时，很多亲戚朋友送来寿礼，他一律谢绝。甚至连儿子和媳妇也只让他们行一个礼，就算是拜过老寿星了。生日宴席也几乎都是素菜，夫人担心这样做会被人笑话，他却说："自奉必须俭约。"

　　当时大江南北几乎每家每户的厅堂上都挂有《朱子家训》。严可均《铁桥漫稿》称，"江淮以南皆悬之壁，称'朱子家训'，盖尊之若考亭焉"。考亭，即朱柏庐远祖朱熹。朱柏庐的弟子顾易著《朱子家训演证》四卷，阐释《治家格言》。

　　朱柏庐临终前嘱弟子："学问在性命，事业在忠孝。"朱柏庐一生继承朱氏家族一贯的家风，以孝、敬立身，留下家喻户晓、脍炙人口的教子治家的经典家训，为后世所敬仰。

天下第一规：《弟子规》

李毓秀（1647—1729），字子潜，号采三。山西省新绛县龙兴镇人，清代著名学者、教育家。其代表作《弟子规》以浅近通俗的文字、三字一句的形式，阐述了学习的重要性、做人的道理以及待人接物的礼貌常识等，是童蒙养正的启蒙教材，是儒家德行之根本，被称为"天下第一规"。

李毓秀于清顺治四年（1647）农历十一月十七出生在新绛县龙兴镇一个富裕农民的家庭。其幼年时期即淳朴谨慎，做事循规蹈矩。李毓秀以孝亲友弟著称，对小他三岁的同父异母的弟弟关爱有加，弟弟也非常喜欢这个哥哥，因而家庭和睦团结。王奂曾《旭华堂文集》记载："视异母弟，温温抚爱，若惟恐有伤，弟固乐其有兄，而闺内亦忻然若有动也。"李毓秀"孝悌"之念由来已久，且一直恪守奉行。

李毓秀年轻的时候读书悟性很高，师从同乡知名学者党成（号冰壑）。党成在崇尚八股的科举制度下，虽有真才实学却屡试不第，遂灰心于仕途，超然世俗而专志于学问，"寒洁素守，视世俗熏灼泊如也"。党冰壑曾言，其学生中论深沉宁静、刻苦功读者，

父母命行勿懶　父母教須敬聽
父母責須順承　冬則溫夏則凊
晨則省昏則定
甲午夏日何龍月書

弟子規聖人訓　首孝弟次謹信
泛愛眾而親仁　有餘力則學文
父母呼應勿緩
甲午夏日何龍月書

苟私藏親心傷　親所好力為具
親所惡謹為去　身有傷貽親憂
德有傷貽親羞
甲午夏日何龍月書

出必告反必面　居有常業無變
事雖小勿擅為　苟擅為子道虧
物雖小勿私藏
甲午夏日何龍月書

何龙月书《弟子规》条幅

无人超过李毓秀，将来出类拔萃、无愧师门并能发扬光大者，仅此一人而已。光绪《直隶绛州志》记载："李毓秀……从党冰壑游几十年，守师说不敢变。"可见李毓秀受党成影响之大及其对师说的传承。

李毓秀二十岁时即被州学推荐到国子监学习，成为监贡（秀才），后因不适应科举而屡试不第，后选县丞。但人在官府，心在学问，久而不适，决然辞职。此后，李毓秀终生致力于治学，精研《大学》《中庸》，创办敦复斋讲学，被人尊称为李夫子。来听课的人很多，门外满是脚印。御史王奂曾多次向他请教，十分佩服他的才学。

李毓秀根据古今童蒙养正的精义，并结合自己的教书实践，撰写成《训蒙文》。训者，教训也；蒙者，启蒙也。后经贾存仁修订，改名《弟子规》。从此，《弟子规》在一些私塾里面开始广泛流行。

《弟子规》三字一句，两句或四句连意，合辙押韵，朗朗上口。全篇先为"总叙"，言："弟子规，圣人训。首孝悌，次谨信。泛爱众，而亲仁。有余力，则学文。"以下分成"入则孝""出则悌""谨""信""泛爱众""亲仁""余力学文"等几部分。这些纲目都来自《论语·学而》，具体列述弟子在家、出外、待人、接物与学习上应该遵守的规范，特别强调家庭教育与生活教育。《弟子规》浅显易懂，押韵顺口，文风朴实，说理透彻，可谓谆谆教诲，循循善诱，在我国清代教育史上有一定的影响。清代后期，《弟子规》成为广为流传的儿童读本和童蒙读物，几乎与《三字经》《百家姓》《千字文》有同等影响。

《弟子规》中的很多句子，至今仍广泛流传，如：

晨必盥，兼漱口。便溺回，辄净手。冠必正，纽必结；

人方少，勿饮酒。饮酒醉，最为丑；

惟德学，惟才艺。不如人，当自砺；

事非宜，勿轻诺。苟轻诺，进退错。

受《弟子规》影响的新绛县人，在潜移默化中践行着《弟子规》的精神。特别是其中的"孝道"，当地百姓可谓将其发挥到了极致。在新绛，奉行孝道是天经地义的。新绛为人子女者，对父母送茶递饭、体贴入微，遇到父母头疼脑热，也都能侍候左右，于寻常举动之中彰显着大孝的内涵。这种蔚然成风的环境，可能与李夫子的"父母呼，应勿缓；父母命，行勿懒。父母教，须敬听；父母责，须顺承。冬则温，夏则凊；晨则省，昏则定。出必告，反必面；居有常，业无变"的教诲息息相关。虽然，后人未能亲耳聆听一代大儒的言传，但《弟子规》的精深奥义早已深入人心。

因著《弟子规》而成名的老夫子李毓秀，延承师说，以博大、深邃的精神思想哺育了一代又一代的中华儿女。《弟子规》虽只有千余字，却汇集了中国至圣先贤的大智慧，集家训家规之大成，可谓古代启蒙养正，教育子弟养成良好家风的最佳读物。

民国家规族约顺应时代

在存世的家谱中，最早期的具有明显家规族约内容的，大概要数北宋名臣范仲淹于皇祐二年(1050)十月初订立的《义庄规矩》，以及元丰三年（1080）的《暨阳开化刘氏同居诚言》。《义庄规矩》自此成为家规族约中首创的一种类型；而《暨阳开化刘氏同居诚言》则成为自宋以来集家训、家规为一体的首篇典范之作。

家规族约到了明代有了进一步的发展。明嘉靖时期，朝廷倡许臣民祭祀始祖，这样就使得各家族中的祀田、祠堂、族谱得到了完善，也使各家族感到制定家规族约的急迫性。清朝时期，顺治和康熙制定了有关修身齐家的"圣谕"，于是各家族制定家规族约进入高潮时期。

清光绪二十四年（1898）爆发的戊戌变法运动，使国人的思想发生了重大变化。紧接着的 1911 年辛亥革命推翻了两千多年的封建君主专制，更使国人的思想得到了很大的解放。民国初年国法的修订，对与封建王朝法律相辅相成的家规族约是个巨大的冲击。此后的五四运动与西学的引进，则从根本上动摇了中国传统社会儒家学说至高无上的地位。

在此背景下，纵观 1911 年后制定的家规族约，不难看出时代变化对其产生的影响。如 1918 年长沙汤氏新增宗规内有一条即为："世界各国靡不实行强迫教育。族中子弟自八岁至十岁，须督令就学。"还有一条为："民国时代选举为重，族中无由高中、大学各学校毕业者，即不得有选举权。故弟子有由以上各学校毕业来祭祀祖先，旌奖从优，以示鼓励。实业及法政学校毕业者，酌量旌奖。海陆二军各学校毕业者，奖尤加倍，以中外各国最重海陆二军故也。"这些都标志着各家族的家规族约已有了从儒家封建伦理到与新时代政治伦理相结合的一个转折。

有些家族的家规族约在内容上体现了时代潮流的民主思想，还在形式上、文字上开启了新时代的风格。如浏阳廖氏在 1938 年制定的《族约组织章程》共二章十八条，以《章程》《组织》《职权》《人事教育》《文书》等条款订立族约，古老传统的家规族约里出现这些全新的名词，使人耳目一新。

抗日战争全面爆发后，面对民族灾难，有些家族迅速作出反应，随即制定了鼓励积极参加抗日救国与对在战争中取得功勋族人奖励的种种规定。如萍乡松友塘李氏家族就会同全体族人通过并实施了"奖励抗日战争将士办法"。这是家规族约顺应时代变化的一个新的闪光点。

在民国初期，有些家族不甘心被外国侵略者蔑视为"东亚病夫"，觉得只有重视卫生才能使国人有健康的体魄。但当时的农村，人们普遍不重视环境卫生，于是有些家族就把改善居住地的环境卫生也列为族规的一条。如江西宜春汤氏宗族的族规中就有"重卫生"一条。这无疑又是中国家规族约史上的一个进步。

这些新条款的出现，为中华民族古老而又传统的家规族约发展史增添了崭新的一页。

1949 年中华人民共和国成立以后，中国的经济、社会、文化都发生了翻天覆地的变化，中国传统的大家族观念日益被国人淡化，一些族内的祠堂、祀田也被挪作他用，各家族的家规族约渐渐淡出族人的视线，最终被国法所替代，伴随着国人蹚过悠悠历史长河的家规族约翻过了它厚重的一页，成为历史上家族文化的一部分，永远地被载入了中华民族的史册。

（此篇作者：周秋芳、王宏）

修身篇

周公辅佐成王言而有信

周公姓姬名旦，周文王姬昌第四子，周武王姬发的弟弟，因其封地在周，爵为上公，故称周公。相传他制礼作乐，建立典章制度，因此被后世尊为儒学奠基人。

周武王伐纣成功后，殷商王朝被西周取而代之。西周建立后的第四年，武王姬发因病去世，其子周成王姬诵继位。然而此时正值周朝开国初期，天下甫定，百废待兴，一位年仅十三岁的少年天子很难以一己之力肩负起天下大业，于是周公旦辅佐成王掌管天下大事，代行天子职权。周公是一个博学多才的贤者，义无反顾地肩负起了教育少年周成王的重担。

周成王姬诵有个弟弟叫叔虞，周成王年幼时常与弟弟叔虞一起在宫中玩耍。在一个秋天的下午，一阵风吹来，梧桐树上的叶子纷纷飘落。风过后，地上留下了许多梧桐叶。周成王一时兴起，便从地上捡起一片梧桐叶，用小刀切成一个在祭祀、宴飨、丧葬以及征伐等活动中使用的器具"圭"，并随手将它送给了叔虞，然后，以玩笑的语气对叔虞说："我要封给你一块土地，喏——你先把这个拿去吧！"叔虞听到成王这么说，随即欢欢喜喜地拿

周公辅成王画像石

着这片用梧桐叶做成的"圭",跑去将此事告知他们的叔父周公。

代周成王执掌国政的周公，听到了叔虞传来的喜讯，便立刻换上礼服，赶到宫中向成王道贺！周成王不解地问："叔叔穿戴如此隆重，出了什么大事吗？"面对周公的道贺，早已把封地之事忘得一干二净的成王不禁一头雾水。周公面带微笑地对周成王说："我刚刚听说，您已经册封了叔虞封地。发生了这样的大事，我怎能不赶来道贺呢？""哦，原来是封地的事呀！"这才想起此事的成王，忍不住哈哈大笑说，"刚才只是闹着玩呢，没想到叔虞他竟然还当真了！"

成王话音刚落，不料周公立即收起笑容，正色道："一个普通百姓都知道言而有信的道理，你贵为天子，金口玉言，说话怎么可以随随便便呢？分封土地这么重要的大事岂可当作儿戏？如果天子不能言而有信，天下百姓又怎么做到忠君爱国、唯命是从呢？"周公之言，令周成王深感惭愧。后来，周成王姬诵选择吉日，把叔虞正式封为唐国的诸侯，史称唐叔虞。

这件事传开后，人们称赞周公说："能如此循循善诱、教导成王，使少年天子懂得宫中无戏言的道理，周公真是个忠心耿耿的辅政大臣呀！"自此以后，"君无戏言"便成了千年流传的佳话。

无独有偶，"吾日三省吾身"的曾参也将言而有信作为教育子女的重要原则。有一次，曾参的妻子准备到集市上去，曾参的儿子跟在后面哭着要去，曾妻就哄他说："你先回去，等我回来，给你宰头猪吃。"

曾子杀彘浮雕

当曾妻从集市回来后，见曾参正在磨刀，便问他为何磨刀。曾参表示要杀一头猪。他的妻子连忙劝阻他说："哎呀，一句哄小孩子的戏言，你怎么还当真了呢？"

曾参听后说："千万不能和小孩子开玩笑。孩子小，父母的一言一行对他们都有影响。你今天哄骗了他，他以后也会学着你的样子去哄骗别人。你在孩子面前说了假话，他很难再相信你，以后还怎么对他进行教育？"最终，曾参兑现了妻子的那句"戏言"。

诚信是立身之本，说诚信教育是人生成长中最重要的部分并不为过。父母是孩子的第一任教师，应当用自己的行为给孩子做诚信的表率，使孩子养成诚实守信的高尚品德。无论是居庙堂之上的周公，抑或是处江湖之远的曾参，都以自身的行动教育晚辈，要做一个诚实守信、言出必行、言行一致的人。可以说，诚信教育是中国家规最根本的法则之一。

蔡邕诫女心之不修则恶

东汉著名文学家、史学家、书法家蔡邕（133—192），汉献帝时拜左中郎将，封高阳乡侯。蔡邕的女儿是历史上著名的文学家蔡琰，即蔡文姬，她曾作《胡笳十八拍》，受到曹操的赞赏。

蔡邕学富五车，而且精于天文数理，妙解音律，在洛阳俨然是文坛的领袖。蔡文姬从小受到文学熏陶，博学而有才辩，尤其精通音律。《三字经》中称赞她："蔡文姬，能辨琴。"勤奋好学的蔡文姬贪婪地汲取父辈的各种知识的营养，自由地遨游在墨香琴声的世界里，豆蔻年华便精通琴棋书画。

古时流传少年天才方仲永沦为庸人的故事，但是蔡文姬并没有辜负上天对她的恩赐，她少年时的聪明才智结出了丰硕的果实，这与蔡邕重视家教有很大关系。蔡邕写有一篇著名的《女诫》："夫心犹首面也，是以甚致饰焉。面一旦不修饰，则尘垢秽之；心一朝不思善，则邪恶入之。人咸知饰其面，而莫修其心，惑矣。夫面之不饰，愚者谓之丑；心之不修，贤者谓之恶。愚者谓之丑犹可，贤者谓之恶，将何容焉？故揽照拭面，则思其心之洁也；傅脂则思其心之和也；加粉则思其心之鲜也；泽发则思其心之顺也；用

蔡邕父女塑像

栉则思其心之理也；立髻则思其心之正也；摄鬓则思其心之整也。”

读《女诫》，可以看出蔡邕教女之良苦用心，看似信手拈来的文字，用极为朴实的日常生活细节教育女儿，其大意是说：人的心就像头和脸一样，需要认真修饰。脸一天不修饰，就会让尘垢污染；心一天不修善，就会有邪恶侵入。人们都知道修饰自己的面容，却不知道修养自己的善心。所以人在照镜子的时候要想到自己的心是否圣洁，抹香脂时要想到自己的心是否平和，搽粉时要考虑自己的心是否鲜洁干净，润泽头发时要考虑到自己的心是否安顺，用梳子梳头发时要考虑到自己的心是否有条有理，挽髻时要想到自己的心是否与髻一样端正，束鬓时要考虑自己的心是否与鬓发一样整齐。

女孩天生愿打扮，用拭面、傅脂、加粉、泽发、用栉、立髻、摄鬓等修饰打扮的具体情节，来逐一比喻修心思善的洁、和、鲜、顺、理、正、整，就很容易使其明白其中的道理。况且女孩一般每天都要梳妆打扮，从而每天都可以想起这些道理，这就更容易入脑入心，这比只讲那些干巴巴的大道理要有效得多。蔡邕用心和面来做对比，十分贴切。这篇《女诫》可以视为蔡家的独特家训，也是蔡邕对女儿的修养要求。蔡文姬从小就接受这种良好的心性修养教育，对她的一生起到了重要的作用。

《孟子·告子上》说："心之官则思，思则得之，不思则不得也。"古人认为，心是思维器官，所以把思想、感情等都说作心，现在则指头脑、脑筋。中国有成语"洗心革面"，《辞海》的解释是："洗心，谓涤除内心邪恶；革面，谓改变旧日面目。比喻彻底悔改。"心和面的关系，恰是内外、里表、本相的关系。心为内，面为外；心为里，面为表；心为本，面为相。故相由心生，面由心定。心是一个人的世界观、价值观，是决定一个人言行的基础，所以修身即是修心，修心才能饰面。即便是一个做过坏事的人，只要洗心革面，也可以重新做一个好人，正所谓"放下屠刀，立地成佛"。

唐太宗以身为例《诫皇属》

　　唐朝第二位皇帝唐太宗李世民（599—649），名字取意于"济世安民"。李世民不仅是政治家、军事家，还是书法家和诗人。他早年率部征战天下，为建立唐朝立下汗马功劳，被封为秦王、天策上将。登基后，他虚心纳谏，对内以文治天下，厉行节约，劝课农桑，使百姓能够休养生息，国泰民安，开创了中国历史上著名的"贞观之治"；对外开疆拓土，击败东突厥与薛延陀，平定高昌、龟兹、吐谷浑，重创高句丽，设立安西四镇，使各民族融洽相处，被各族人民尊称为"天可汗"，为后来唐朝全盛时期的"开元盛世"奠定了重要基础。

　　为了延续国泰民安的盛世，李世民写了一篇《诫皇属》告诫子女："朕即位十三年矣，外绝游观之乐，内却声色之娱。汝等生于富贵，长自深宫，夫帝子亲王，先须克己。每著一衣，则悯蚕妇；每餐一食，则念耕夫。至于听断之间，勿先恣其喜怒。朕每亲临庶政，岂敢惮于焦劳。汝等勿鄙人短，勿恃己长，乃可永久富贵，以保终吉。先贤有言：'逆吾者是吾师，顺吾者是吾贼。'不可不察也。"

在帝王家训中，唐太宗李世民的这篇《诫皇属》是其中的典范。李世民非常注重对皇子们的教育，经常告诫后代，应当遵守道德规范，加强道德修养，掌握治国之道。在《诫皇属》中，唐太宗以自己勤勉政事为例，告诫"生于富贵，长自深宫"的皇亲国戚们应克制自己，珍惜财物，不可奢侈，每穿一件衣服、每吃一顿饭，都不要忘记蚕妇农夫的辛勤；在听闻决断的时候，不要先入为主，任凭自己的喜怒行事，要谦虚，善于听取不同意见；不要因为别人有短处就鄙视他们，也不要因为自己有优点就恃才而骄，要把敢于反对你的人当作老师，把逢迎你的人视为贼子。只有这样才能够永久富贵，贞正吉祥。太宗对皇子皇孙们有如此严格的要求，"贞观之治"的出现就自然而然了。

唐太宗任人唯贤，知人善用，广开言路，虚心纳谏，以隋炀帝拒谏亡国为鉴，登基后尽力求言。他把谏官的权力扩大，鼓励群臣批评他的决策。其中魏征廷谏了二百多次，在朝堂上对唐太宗的过失直言不讳，在早朝时多次发生了使李世民尴尬、下不了台的情况。又如王圭、马周、孙伏伽、褚遂良皆以极谏知名。晚年的李世民因国富民强，纳谏的气度不如初期，但仍很克制，保有纳言的风范。

提起魏征进谏，有这样一个故事：有一次李世民去洛阳，途中住宿在显仁宫。大队人马安顿下来，侍女奉茶，太宗一看茶盘、茶杯都是几年前来这儿用过的旧银器，心中很是不快，命人把总管叫来，狠狠地斥责了一通。显仁宫总管心想：贞观初年，皇上您自己省俭得很，怎么如今嫌这嫌那的呢？心里不明白，嘴上却只好认错，赶忙命御厨将皇上的晚餐多加了几样海鲜。晚上，太宗来到餐桌前，瞥了一眼，又大为不悦："怎么搞的？海味不见新奇，山珍又少得可怜。总管哪里去了？快把他贬为百姓！"说罢拂袖而去。

魏征知道了事情的来龙去脉，便来到太宗的内宫，行过君臣之礼后，转入正题："陛下，臣闻皇上为总管侍奉不好而发脾气，臣以为这是个不好的苗头。"李世民不解："我大唐国家殷实，多花几个小钱有什么了不起？再说，我可是一国之君啊！"魏征深感唐太宗"当局者迷"，便决计为他指点"迷津"："陛下，正因

遇物教储

出自明刊本《帝鉴图说》。唐李治为太子时，唐太宗利用一切场合来教导他。一日，唐太宗与太子一同泛舟湖上，太宗便说："皇帝好比舟，百姓好比水，水可载舟，也可覆舟。无论做任何事，都要小心谨慎。"

.

为您是一国之君，所以您一开头，马上上行下效，整个社会就要形成一种奢靡的风气，那就糟了。"

"爱卿，不要把话说得这么严重。国君就我一人，其他人谁敢向我看齐？"魏征越发感到问题的严重性，他想：皇上经常把隋亡的教训挂在嘴上，何不以此来警策他呢？

"陛下，当年隋炀帝巡游，每到一地，地方上就因不献贡品或贡物不精而被责罚。如此无限制地追求享受，老百姓负担不起，导致人心思变，江山丢失。皇上怎么能效法隋炀帝呢？"

李世民果然大为震惊："难道我是在效法隋炀帝吗？"

"是的，陛下！像显仁宫这样的供应，如果知足的话，会很感满足的。但如果隋炀帝来，即使供应再丰盛精美一万倍，也难填他的欲壑。"

李世民听了既震惊又感动："爱卿，除了你，其他人是讲不出这种话的啊！"

魏征死后，唐太宗恸哭长叹，说出了那句千古名言："以铜为镜，可以正衣冠；以古为镜，可以知兴替；以人为镜，可以明得失……魏征殂逝，遂亡一镜矣！"他还令公卿大臣们把魏征遗表中的一段话写在朝笏上，作为座右铭，以魏征为榜样，做到"知而即谏"。

朱熹《诗慰女儿贫》流芳

有人曾这样赞美宋朝著名理学家、思想家、哲学家、教育家、诗人朱熹（1130—1200）："为天地立心，为生民立命，为往圣继绝学，为万世开太平。"这四句话为北宋儒学家张载的名言，当代哲学家冯友兰将其称作"横渠四句"。"横渠四句"充分体现了儒家的"仁者气象"和"天地情怀"。如果说"修身齐家治国平天下"是儒家的个人理想，那么"横渠四句"可以说是儒家的用世抱负。由此可见，历史上对朱熹评价甚高。

朱熹作为中国古代最卓越的思想家和教育家之一，非常重视家庭教育，不仅有较多的论述，还着力于实践。他十分推崇《礼记·大学》中提到的"欲治其国，先齐其家"，认为治家是治国的基础，为此，他在着力发展儒学的过程中，继承了古代家庭"德教为本"的传统，十分重视家庭的伦理教化，并为此倾注了大量心血，因此他的家庭教育思想的内容十分丰富，也取得了丰硕的成果。这些成果主要以所订立的家训、家规、行为准则和为儿童编写的启蒙读物体现出来，目前对于家风家规教育比较有名的是《朱子家训》《家礼》《与长子受之》《童蒙须知》等。这些著作虽

以朱熹家训为内容的屏风

然在一定程度上维护了封建纲常的价值形态，但其重视家族礼仪，促使人们更加自觉地遵循封建伦理规范，从而促进封建国家的统治。这里选取朱子晚年留给后世子孙的一篇著名家训《朱子家训》，或许我们可以从中窥见他在治家方面的思想：

君之所贵者，仁也。臣之所贵者，忠也。父之所贵者，慈也。子之所贵者，孝也。兄之所贵者，友也。弟之所贵者，恭也。夫之所贵者，和也。妇之所贵者，柔也。事师长贵乎礼也，交朋友贵乎信也。

见老者，敬之；见幼者，爱之。有德者，年虽下于我，我必尊之；不肖者，年虽高于我，我必远之。慎勿谈人之短，切莫矜己之长。仇者以义解之，怨者以直报之，随所遇而安之。人有小过，含容而忍之；人有大过，以理而谕之。勿以善小而不为，勿以恶小而为之。人有恶，则掩之；人有善，则扬之。

处世无私仇，治家无私法。勿损人而利己，勿妒贤而嫉能。勿称忿而报横逆，勿非礼而害物命。见不义之财勿取，遇合理之事则从。诗书不可不读，礼义不可不知。子孙不可不教，童仆不可不恤。斯文不可不敬，患难不可不扶。守我之分者，礼也；听我之命者，天也。人能如是，天必相之。此乃日用常行之道，若衣服之于身体，饮食之于口腹，不可一日无也，可不慎哉！

全文短短三百余字，讲述了个人在家庭和社会中应该承担的责任和义务，精辟地阐明了修身立德治家之道，以简朴的语言，勾勒出富含哲学思辨的道德伦理思想，富有感召力和深厚的人生智慧。朱子的思想和观点历经历史的不断淘洗，亦可为今日之家庭教育提供历史借鉴，特别是朱熹在治家过程中经常灌输的勤俭持家的家庭美德更是给后人留下了不可磨灭的佳话。

在朱熹十四岁的时候，父亲就患病去世了，家里全靠母亲一人劳作维持生计，所以生活非常清苦，常常没有饭吃。后来朱熹做了官，并成了有名的学者，仍一直保持着勤俭节约的作风。他为官清廉，两袖清风，有时要向人家借贷才能维持生活。许多年轻人慕名自远方来求教，朱熹也只能拿豆麦干饭和青菜汤来招待他们。

朱熹不仅自己非常勤俭，他也积极鼓励子女注重勤俭持家的作风。一次，他去看望女儿，女儿、女婿热情招待，唯恐怠慢。吃中饭时，女儿十分窘迫地端出几碗大麦饭和一碗葱汤。朱熹开开心心用过之后，看见女儿、女婿还惴惴不安，表示饭菜不好，

福建武夷山朱子故居内的朱熹真迹：
循理保家之本，勤俭治家之本

招待不周。朱熹笑道："你们不要为此感到不好意思，其实已经很不错了。我在朝廷做官的时候，也不是餐餐大鱼大肉。古人言：富在辛劳穷在惰，成由节俭败由奢。勤俭持家的好家风是永远不错的，希望你们以后也能坚持俭朴度日。"吃罢饭，朱熹走进书房，铺开宣纸，饱蘸浓墨，挥笔写下一首《诗慰女儿贫》："葱汤麦饭两相宜，葱补丹田麦疗饥。莫谓此中滋味薄，前村还有未炊时。"这首诗在鼓励女儿勤俭持家的同时，也化解了他们的尴尬。此诗后来成为其女婿家的家训，流芳于世。

成由节俭败由奢。朱熹虽然是朝廷大官，但是他一生清贫。他不仅注重自身的勤俭持家，同时又以身作则，以自己的言行举止教育子女，使得其子女在有颇高文化修养的同时，也具备了较为高尚的道德情操和进退有度的待人接物的素养以及宽容的品性，特别是这种勤俭持家的秉性，值得借鉴。

朱元璋现身说法做榜样

明朝开国皇帝朱元璋（1328—1398），出身贫寒，当过和尚，做过乞丐，后来从军，从一个小兵慢慢熬成首领，经过了许多磨难，见识了许多人情冷暖，最终才建立明朝，成为高高在上的皇帝。和天下所有父母一样，朱元璋也希望自己的子孙能够坐稳自己打下的江山，永远过好日子，但是子孙们生长在皇宫之中，从小享尽尊崇，不知人情世故，很可能被人欺骗，被人利用。如何避免子孙们受到伤害呢？为此，他殚精竭虑，主持编撰了《皇明祖训》。

《皇明祖训》是为巩固朱明皇权而对其后世子孙的训诫，初名《祖训录》，始纂于洪武二年（1369），洪武六年书成，朱元璋为之作序，命礼部刊印成书。洪武九年又加修订。洪武二十八年重定，更名为《皇明祖训》，并将首章的《箴戒》改称《祖训首章》。

《皇明祖训》要求子孙们一切行动按祖训进行，一丁点儿都不得修改。而祖训的内容，从如何行政到如何安排饮食起居，一应俱全。有研究祖训资料者指出，为了保证子孙们的生命安全，皇帝在和亲信大臣商量机密时，带刀侍卫只离十丈远，这样，即使大臣有暗杀之心，也不能得逞。侍卫们的警备、衣甲，时刻不

朱元璋塑像

离左右，还要在宫门口备几匹良马，万一皇宫内发生政变，就可以迅速骑马出宫，不至于丧命，每天晚上都要警醒，聆听屋外的动静，还要经常到院子里做准备，免得被弄得措手不及。

朱元璋自视为最勤勉、最努力、最负责任的君主。关于这一点，他无数次对子女和臣下自夸，很为骄傲。而且，他还自视为天底下最善教子治家的严父，以伟大父亲自居，在这方面留下的记载比比皆是。此处略举几例，可以见出朱元璋在教育子女方面是如何下功夫的。

首先说说"择学"与"择师"。一般来说，学习什么内容与选择什么老师，是关系到学习成效如何的决定因素。朱元璋也是如此。他以最正宗的儒家思想为教育内容，为诸皇子择师亦慎之又慎。《明史》说："明初，特重师傅。既命宋濂教太子，而诸王傅亦慎其选。"这些老师笃诚职守，原则性很强，诸皇子若不听教训，老师不仅会严加责备，甚至敢于体罚。其中有个叫李希颜的皇家老师，就以"规范严峻"著称，诸皇子顽劣不学的，"或击其额"，即不再是一般性的打打掌心，而是敲打不认真学习的学生的额头。这种做法，由于未免有犯皇家尊严，朱元璋起初也难以接受，不过，他最终还是能体谅李希颜，做法虽然粗暴，但归根结底是为了严教，所以后来朱元璋不仅没有责罚这位老师，反而提升了他的职位。

朱元璋除了精心安排诸皇子从书本和老师那里接受正统儒家教育外，还常常以多种形式培养他们的世界观和人生观，这些做法，竟与当代人所能想到、做到的相差无几。朱元璋经常命诸皇子出城下乡，接触农村生活。一是开阔眼界，体验生活；二是走出宫殿，了解民生；三是锻炼性格，磨炼意志；等等。据记载，他不仅让皇子们在宫殿周围活动，还常常安排其到远处走访，最远曾让诸皇子从南京一直行至自己老家濠州，路途迢迢，风尘仆仆。史料记载，1376年在送别诸皇子启程仪式上，朱元璋说："今使汝等于旁近郡县，游览山川，经历田野。因道途之险易，知鞍马之勤劳；观小民之生业，以知衣食之艰难；察民情之好恶，以知风俗之美恶。即祖宗陵墓之所，访求父老，问吾起兵渡江时事，识之于心，以知吾创业之不易也。"足见朱元璋在教育子女方面之用心良苦。

最后看看朱元璋在教子问题上是如何现身说法和如何树立榜样的。众所周知，朱元璋对于子女的"反腐防变"不仅抓得紧、抓得实，还很有自己的一套办法。他曾经亲领世子走访农家，察看农民居住、饮食条件和日常生活；亲自在大内辟地种菜，召来诸皇子进行现场教育，告诉他们"此非不可起亭馆台榭为游观之所，今但令内使种蔬，诚不忍伤民之财，劳民之力耳"。有一次，朱元璋在外出途中，路见一小僮幼小年纪就供人役使，奔来走去，汗流不止，便领进宫中，命人把诸皇子都叫来身边，指着这孩子说："此小僮与尔等年相若，已能奔走服役。尔曹不可恃年幼，怠惰不学。"

据说，朱元璋为使诸子习于勤劳，不滋骄惰之性，还曾命内侍特制草鞋分发给他们，并规定，只要出城走稍微远一点的路，皇子们只能乘马行其中三分之二路程，另外三分之一必须穿上草鞋步行。放眼望去，中国大大小小几十个王朝，这样来进行皇家教育的，恐怕只有朱元璋一人了。

这就难怪大明王朝能够成为中国继周朝、汉朝和唐朝之后的又一盛世，难怪康熙皇帝会称赞朱元璋"治隆唐宋""远迈汉唐"。我们说，历史的发展规律尽管有不可抗拒的因素存在，但参与治国安邦的皇家政权继承人及其中坚骨干的素质与能力培养，也是不可忽视的重要原因。教育事业，利在现代，功在千秋，绝不是口头说说的，而是活生生的事实。我们从朱元璋的教育观、反腐观中，能够得到些什么启发呢？我想已经无须赘言。大家都能从中找到答案，获得启迪。

曾国藩立誓戒烟启示录

家训，对于今人来说，是个比较专业的说法。但在古时，却是常用词，因为"人必有家，家必有训"。家训指家庭或家族内部父祖辈对子孙后代的垂诫、训示，更是儒家知识分子在立身、处世、为学等方面教育后辈的家庭教育读物。

晚清名臣曾国藩（1811—1872）畅游史海，看到"盛不过三代"是大多数官宦之家很难逾越的魔咒。他总结出家庭兴旺的规律：天下官宦之家，一般只传一代就萧条了，因为大多是纨绔子弟；商贾之家，一般可传三代；耕读之家，一般可兴旺五六代；而讲究孝悌之家，往往可以绵延八代十代。

历史上对曾国藩的评价贬褒不一，但是"曾国藩家训"却是后世公认的家规佳作，影响之深远鲜有比肩者。曾氏家训真实、鲜明、生动，内涵丰富，形式活泼，是中国家规家教中不可多得的典范之作。

大多数官宦之家虽有"盛不过三代"的魔咒，但曾氏家族却代有英才层出不穷，出现了像曾纪泽、曾广均、曾广铨、曾昭抡、曾宪植等一代代杰出人物。咸丰六年（1856），曾国藩写信给九岁的儿子曾纪鸿说："凡人多望子孙为大官，余不愿为大官，但愿为读书明理之君子。勤俭自持，习劳习苦，可以处乐，可以处约。此君子也。"教育九岁的儿子要成为"读书明理之君子"，这样的期许较之一般的俭朴教育显得境界更高。这也是曾氏家族长盛不衰的奥秘。此外，曾国藩家训里留给后代的"四条遗嘱"也起到了决定性的作用：一曰慎独则心安；二曰主敬则身强；三曰求仁则人悦；四曰习劳则神钦。

众所周知，曾国藩在"和以治家"的宗旨下还特别强调"勤以持家"。"勤以持家"有两层意思，一是家庭成员要克勤克俭，一是做家长的要勤以言传身教。曾国藩说的这些，他自己就能一丝不苟地带头去做，而且做得非常好。比如大儿子曾纪泽喜欢西方社会学，曾纪鸿喜欢数学和物理学，曾国藩虽然一窍不通，但也尽自己所能去了解，去努力学

曾国藩画像

一点。这样的曾国藩，不愧是一个真正"勤以持家"的父亲。

不仅如此，曾国藩"立誓戒烟"的故事，彰显了他"人但有恒，事无不成"和言传身教的楷模形象。这里录几则《曾国藩家书》中的内容，细细加以品味，或许可见一斑：

勤字工夫，第一贵早起，第二贵有恒；俭字工夫，第一莫着华丽衣服，第二莫多用仆婢雇工。凡将相无种，圣贤豪杰亦无种，只要人肯立志，都可以做得到。

谕纪瑞 同治二年十二月十四日

诸弟在家读书，不审每日如何用功？余自十月初一立志自新以来，虽懒惰如故，而每日楷书写日记，每日读史十页，每日记《茶余偶谈》一则，此三事未尝一日间断。十月二十一日立誓永戒吃水烟，洎今已两月不吃烟，已习惯成自然矣。予自立课程甚多，惟记《茶余偶谈》、读史十页、写日记楷本，此三事者誓终身不间断也。

致诸弟 道光二十二年十二月二十日

盖士人读书，第一要有志，第二要有识，第三要有恒。有志则断不甘为下流；有识则知学问无尽，不敢以一得自足，如河伯之观海，如井蛙之窥天，皆无识者也；有恒则断无不成之事。此三者缺一不可。

致诸弟 道光二十二年十二月二十日

如前所述，尽管曾国藩是历史名臣，但他也有普通人的缺点和不足。譬如说，他曾经是一位烟不离手的瘾君子。据其日记记载，他十五岁开始抽烟，不久染上烟瘾。他曾多次发誓戒烟，为此还将自己的名字"子城"改为"涤生"，但戒烟之后，往往禁不住

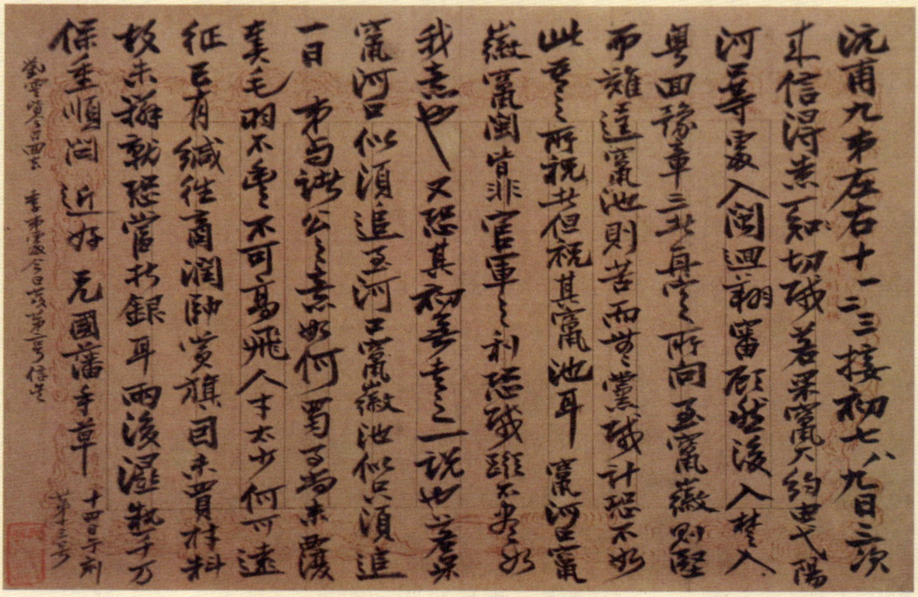

曾国藩致曾国荃书札

诱惑，又不知不觉地做了烟瘾的俘虏。1840年春，他再次发誓戒烟，并检讨说，改名字都十年了，还是抽烟如故。男子汉大丈夫，岂可如此自甘堕落！于是，他当众发誓："从今永不吸烟！……不能立即放下屠刀，则终不能自拔！"第二次戒烟似乎也有明显的效果，在家不抽，独处不抽。但是，出门在外，见别人抽烟就烟瘾难耐，尤其当别人敬烟时，就觉得盛情难却，于是半推半就地吸几口。就这样，大张旗鼓的第二次戒烟行动又以失败而告终。

两年后，即1842年，曾国藩向一位理学家请教修身之法，这位理学家告诫他"每日一念一事，皆写于册，以便逐日克之"。这种方法对他启发极大，他开始在日记中详细记下每天的"一念之差""一事之失""一言之默"，每天不忘悔过自新，他在日记中写道："说话太多，吃烟太多，故致困乏。"这说明他清楚地认识到抽烟百无一利。但知易行难，十几年里反反复复，总难戒断。由此可见，要改积习，既要坚决，更要坚持。所以，曾国藩再次痛下决心，一定要与烟瘾恶魔打持久战，他坚信："人但有恒，事无不成！"于是，终其一生，未再复吸。

曾国藩说："遏欲之难，类如此矣，不惜破釜沉舟之势，岂有惧哉。"一个人要想改变自己的不良嗜好，必须有破釜沉舟的决心和毅力。曾国藩戒烟的故事看似简单，实则包含着极为复杂的心路历程。曾国藩戒烟成功，既承续了曾氏远祖曾子"吾日三省吾身"之家训的陶冶和熏染，也开启了曾氏后世勤于修身立德、勇于改过自新的良好家风。

罗荣桓廉洁治家不忘本

开国十大元帅罗荣桓（1902—1963）去世后，毛泽东十分悲痛，夜不能寐，为罗荣桓写下一诗《七律·吊罗荣桓同志》：

记得当年草上飞，红军队里每相违。长征不是难堪日，战锦方为大问题。斥鷃每闻欺大鸟，昆鸡长笑老鹰非。君今不幸离人世，国有疑难可问谁？

罗荣桓元帅不仅是一位伟大的无产阶级革命家、政治家和军事家，而且他一生清正廉洁，严管家人，培育了良好的家风，留给后人无穷无尽的精神财富。

在生活中，罗荣桓常常通过身体力行来教育子女。1947年7月，罗荣桓从莫斯科病愈回到哈尔滨，全家被安排住在市区一处很宽敞的独立庭院里。罗荣桓觉得这样不合适，他多次向有关部门提出将这处庭院挪作公用，自己另找一处房子住。

一次，罗荣桓到谭政家做客，见他家住的是一处二层小楼，就跟他说："跟你们搭个邻居怎么样？你家住楼上，我们住楼下。欢迎吗？"谭政起初还以为这是句玩笑话。没过两天，罗荣桓一家却真的搬来住了。罗荣桓对家人说："住的房子的大小，看起

罗荣桓画像

来是件不起眼的事情，但我们是党的干部，要时时想到生活在基层的人民大众，不能官越做越大，住的楼越来越高。"罗荣桓还说："生活不要特殊化，一味追求舒适的生活，讲究吃穿，贪图享受，就要变坏的。"

　　罗荣桓教育孩子讲得最多的话是："不能忘本。"他对孩子们做事的要求是："不患不成，而患不坚持耳。"新中国成立时，罗荣桓的女儿罗玉英已二十多岁，仍留在湖南老家。她听说父亲"当了大官"，就提笔给他写了封信。罗荣桓回信教育她说："你爸爸二十余年来是在为人民服务，已成终身职业，而不会如你想的是在做官，更没有财可发。你爸爸的生活，除享受国家规定之待遇外，一无私有，不能对我有其他依靠。"罗玉英到北京后，罗荣桓鼓励她首先要刻苦学习文化知识，后来参加工作后，罗荣桓又要求她到基层、到艰苦的地方去锻炼。罗玉英听从父亲的话，去了北京郊区的一个农场工作。

罗荣桓的儿子罗东进曾回忆道："我爸爸经常对我讲，你们决不能做清朝的八旗子弟，躺在父辈的功劳簿上，不思进取，不学无术，整天就知道提笼架鸟，专横跋扈。"

一次，部队打了胜仗，罗东进捡到了一个日本兵戴过的防毒面具，他看着很新奇，就戴在了头上，跑到街上又蹦又喊。他的怪状把一个老乡的孩子吓得号啕大哭。此事传到了罗荣桓的耳朵里，他把儿子东进叫到跟前，严厉地批评他说："你被寄养到老乡家的时候，路都不会走，是老乡用高粱煎饼把你养大的，老乡待你像亲生儿子一样。可你刚从老乡家里回来，就忘了本！你知道什么叫群众纪律吗？"批评完后，又把儿子关在屋内反省，好让他牢记这件事。

有一年冬天，罗荣桓的夫人林月琴给儿子罗东进买了顶棉布帽子，可罗东进觉得帽子太丑，不愿意戴出去，还要求母亲给他再买一顶皮帽子。罗荣桓听后十分生气，把罗东进狠狠地批评了一顿："你小小年纪就讲究这讲究那，这还了得！"他告诉林月琴，以后不要对孩子的生活太过操心，要多在政治思想上对他们进行教育。他说："教育孩子是件麻烦的事情，急躁不行，夸奖多了也不好。不过有一条，做父母的完全可以办到，那就是，只要发现他们有一点不好的苗头就要指出来，要他们改正，不让它发展下去！"

罗东进上小学时，他所在的子弟学校离家很远。东进每星期回家一次，都是机关用大轿车集体接送。有一个星期六，学校放学晚了，家里人就派罗荣桓的司机开车去把他接了回来。罗荣桓知道后，把全家叫到一起，严肃地说："汽车是组织上给我工作用的，不是接送你们上学的，你们平时已经享受了不少你们不应当享受的待遇，如果再不自觉，那样下去会害了你们自己！"他又吩咐工作人员说："以后绝对不准用小车接送孩子，让他们搭公共汽车也是个锻炼嘛！"

有一次，罗东进和妹妹放学后，又错过了大轿车的接送，公共汽车也没有了，这时天已很晚，他们俩不敢再让家里派车来接，就只好步行往家里走。家里人都担心他们在路上是不是出了什么事情，罗荣桓也有点着急了。这时，只见两个小孩子满头大汗、一身尘土地走进门来。在问清了原委后，罗荣桓很高兴，表扬兄妹俩说："好，好，你们做得对，今天你们搭不上车走着回来，不怕苦，不怕累，这种精神要发扬，要长久地保持下去！"

罗荣桓元帅一生战功卓著，但清廉节俭，公道正派，从未忘本。战争年代，他把自己的棉衣让给战士穿，自己的战马上不是驮着病号，就是驮着战士的枪支和背包，他和战士们吃一样的糠煎饼。困难时期，罗荣桓身居高位，却严于律己，他常说："越是在国家苦难的时候，越要注意和群众同甘共苦。"他对子女也是这样要求的，教育他们要把自己看作是普通劳动人民的子弟。1963年12月16日，罗荣桓在弥留之际嘱咐爱人："我死以后，分给我的房子不要再住了，搬到一楼的房子去，不要特殊。"他还交代子女说："我没有遗产留给你们，没有什么可以分给你们的。爸爸就留一句话：坚信共产主义这一伟大真理，永远干革命。"罗荣桓没有什么遗产留给子女，但是给子女甚至全党留下了不可估量的精神财富。

钱锺书遵家训淡泊宁静

钱穆在《八十忆双亲·师友杂忆》一书中称，钱锺书（1910—1998）少时"即聪慧异常人矣"，又说："及余去清华大学任教，锺书亦在清华外文系为学生，而兼通中西文学，博及群书。宋以后集部殆无不过目。"后来，钱锺书其为人为学，颇受时人尊崇，享有"文化昆仑"之美誉。他的治学名言曰："东海西海，心理攸同；南学北学，道术未裂。"

钱锺书为学之所以被人尊崇，与他父亲、一代国学大师钱基博对他的严苛管教是分不开的。1929 年，钱锺书考入清华大学，但钱基博仍然以书信的形式对钱锺书严加管教："做一仁人君子，比做一名士尤切要。""现在外间物论，谓汝文章胜我，学问过我，我固心喜；然不如人称汝笃实过我，力行过我，我尤心慰。"他告诫钱锺书要"淡泊明志，宁静致远。我望汝为诸葛公、陶渊明；不喜汝为胡适之、徐志摩"。

钱锺书对父亲的教导虽然也有不认可的地方，但父亲要求他笃实力行，淡泊宁静，他一生铭记。直到其晚年，誉满天下的钱锺书仍然能坚守淡泊名利的家训，并留下了许多有趣的故事。例如，有位外国著名记者来华，他宣称此行有两大愿望：一是看万里长城，二是看钱锺书。他把钱锺书看成了中国文化的象征。还有一位外国记者因为看了钱锺书的《围城》，想去采访他。他打了很多次电话，终于找到了钱锺书。钱锺书在电话里拒绝了其采访的请求，并说："假如你吃了一个鸡蛋觉得不错，又何必要认识那个下蛋的鸡呢？"中央电视台《东方之子》栏目曾多次试图去采访钱锺书，但都遭到他的拒绝。20世纪80年代，美国一所著名的大学想邀请钱锺书去讲学，课时很短但报酬奇高，累积约为八个小时的课程，校方计划付酬十六万美元，这在那时可以说是一个天文数字，美方本以为钱锺书会感激涕零地直飞美国，不料钱锺书丝毫不为所动，十分干脆地拒绝了邀请。

钱锺书出身于诗书世家，聪慧过人，被称为"民国第一才子"，被吴宓教授视为得意门生。尽管钱锺书上课从不记笔记，总是边听课边看闲书，但每次考试都是第一名，这一点令吴宓印象深刻。据说吴老师下课后常常"谦恭"地请钱锺书作一评点。而这位狂生总是先扬后抑，不屑一顾。吴宓也不气恼，只是颔首唯唯。

多年后，钱锺书的学术、人格日趋成熟。晚年的他更是闭门谢客，淡泊名利。一次，他到昆明，特意去拜访恩师吴宓。吴宓喜上眉梢，毫无芥蒂，拉着得意门生谈解学问、下棋聊天、游山玩水。钱锺书深感自己的年少轻狂，红着脸，向老师赔罪。吴先生茫然，随即大笑着说："我早已忘了。"1993年春，钱锺书忽然接到吴宓先生女儿的来信，希望他为其父新书《吴宓日记》写序，并寄来书稿。当钱锺书读完恩师的日记后，内心慨然，立即回信自我检讨，谴责自己："少不解事，又好谐戏，逞才行小慧……

钱锺书

内疚于心，补过无从，唯有愧悔。"且郑重地要求把这封自我检讨信附入《吴宓日记》公开发表。尽管钱锺书在学问、成就上，远远超过了吴宓，但他在序中宣称："我愿永远列名吴先生之列中。"师生二人的"恩恩怨怨"，显现了一代学人的君子修为。

有文章称，姓钱的钱先生，一生似乎没有真穷过，也似乎没有发过财，应该说他是一位精神贵族。困居上海孤岛写《围城》的时候，钱锺书窘迫过一阵。那时他的学术文稿没人买，于是他写小说的动机里就多少掺进了挣钱养家的成分。一天五百字的精工细作，却又绝对不是商业性的写作速度。这时，全靠黄佐临导演了杨绛的四幕喜剧《称心如意》和五幕喜剧《弄假成真》，并及时支付了酬金，才使钱家渡过了难关。

四十年后，黄佐临之女黄蜀芹之所以独得钱锺书亲允，开拍电视连续剧《围城》，主要是因为钱锺书仍然没有忘记四十年前黄导雪中送炭的那份情谊。

劝学篇

刘邦敕太子悔读书无益

出身农家的汉高祖刘邦（前256或前247—前195）为人豁达大度，年少时不事生产，不读诗书。陈胜起事后不久，刘邦因释放刑徒而亡匿于芒砀山中，因情势所迫，便集合三千子弟响应陈胜起义。由于天下百姓都痛恨秦始皇的残暴统治，刘邦很快攻占了沛县，被称为沛公。后来刘邦联合各地力量，南征北战，终于一统天下，定都长安，史称西汉。

少壮不读书的刘邦当上皇帝以后更相信读书无用，常说"吾以布衣提三尺剑取天下"，轻视儒生，甚至用读书人的帽子当尿壶，欺侮书生。楚汉相争时以幕僚的身份追随刘邦的"有口辩士"陆贾，经常寻找机会与刘邦谈论《诗经》《尚书》等儒家经典。终于有一天，不耐烦听陆贾"谈书讲经"的刘邦大骂道："老子的天下是靠骑在马上南征北战打来的，读《诗》《书》有什么用，不读书还不是可以一统天下！"

陆贾回答说："您在马上可以取得天下，难道您也可以在马上治理天下吗？商汤和周武都是以武力征服天下，然后顺应形势以文治守成。文治武功并用，这才是使国家长治久安的上策啊！

刘邦祭孔图

　　从前吴王夫差、智伯都因极力炫耀武功，最终身败国亡；秦朝也因一味使用严刑峻法不知变通，最终导致灭亡。假使秦朝统一天下后，效法先王，广施仁政，那么陛下您又怎能取得天下呢？天下的攻守之道是不同的。武力可以用来攻取天下、得到天下，却不能用来治理天下、守护天下。治理天下、守护天下需要的是改善民生，重视教化，以德服人，这样才能长治久安，万众归心，天下太平。"

刘邦听后，如梦方醒，开始悔过从前轻视读书的行为，并对鄙薄读书人、撒尿溺儒冠的荒唐行为深感愧悔。自从认识到"天下可马上得之，却不可马上治之"的道理后，刘邦彻底改变了对儒生的看法。自此，这个草莽皇帝开始关心下一代的学业了。他希望太子刘盈不要荒废诗书，要做一个勤奋励学、好读成习的接班人。

公元前 195 年，即汉高祖十二年，刘邦病危，立嫡长子刘盈为帝位继承人，对其进行谆谆告诫，并亲笔撰写了遗训《手敕太子文》。同年四月，刘邦驾崩；五月，十六岁的刘盈继承皇位。

刘邦在遗训中写道："吾遭乱世，当秦禁学，自喜，谓读书无益。洎践阼以来，时方省书，乃使人知作者之意，追思昔所行，多不是。尧舜不以天子与子而与他人，此非为不惜天下，但子不中立耳。人有好牛马尚惜，况天下耶？吾以尔是元子，早有立意。君臣咸称汝友四皓，吾所不能致，而为汝来，为可任大事也。今定汝为嗣。吾生不学书，但读书问字而遂知耳。以此故不大工，然亦足自辞解。今视汝书，犹不如吾。汝可勤学习。每上疏，宜自书，勿使人也。汝见萧、曹、张、陈诸公侯，吾同时人，倍年于汝者，皆拜，并语于汝诸弟。吾得疾遂困，以如意母子相累，其余诸儿皆自足立，哀此儿犹小也。"

在遗训中刘邦指出，他遭逢动乱不安的时代，正赶上秦始皇焚书坑儒，禁止求学，他居然暗自高兴，认为读书没有什么用处。直到登基，他才明白了读书的重要性，并明确表示以前的所作所为实在有很多不对的地方。刘邦还特意提及刘盈与商山四皓的关系，他认为乡野遗贤、山间隐士都愿意出来辅佐太子，这是太子仁德宽厚、名声远播的结果，这也是太子可以承担重任的证明。刘邦甚至还以读书习字为例，教导太子应当勤奋地学习，希望太子对奏议之类的重要文件一定要慎重对待，不能让别人代笔。在接人待物方面也要做到知情达理，对长辈的公侯要依礼下拜……刘邦的遗训，虽然言语不多，但这种温婉寄望、语重情浓的风格，对后世家规产生了深远影响。

尽管刘邦曾多次动过废掉太子的念头，但《手敕太子文》中却未见一句训斥，也没有威胁命令的言语，只是尽举史实，以切身体验，温和说理，语重心长，寄予厚望；还嘱托刘盈照顾好他所宠幸的戚夫人及其年幼的儿子如意。刘邦在遗训中毫不掩饰地深悔鄙薄读书人的行为，且以尧舜为例，以自己治理朝政的切身体会生动地说明帝位的重要性，告诫刘盈要任人唯贤，要做称职的太子。知错就改，于人于己都极为重要，凡事知易行难，向比自己德高望重的人认错已属不易，而向地位比自己低、才能不如自己的人认错则尤为不易。刘邦接受儒生"不可马上治天下"的观点，与时俱进地改变了安邦治国的大政方针，这种从善如流、知错就改的智慧和胸怀，可以说是刘邦崛起于草莽间的法宝。作为开国皇帝，刘邦能以上对下，以尊对卑，以父对子，毫无掩饰地反省自己，为自己的"读书无益"论深表愧悔，临终遗言劝学，如此现身说法，也为后世皇子立下了勤学好问的家规。

左宗棠劝学务实可操控

　　在历史上对清朝大臣、著名湘军将领左宗棠（1812—1885）的评价，贬褒不一。他一生亲历了湘军平定太平天国运动、洋务运动、率军平定陕甘回变和收复新疆等近代中国的重大历史事件。多数历史学家认为：左宗棠是一位为民族存亡和中国的近代化做出巨大贡献的重要人物。

　　左宗棠生有四子四女。由于长年在外，公务繁忙，家书便是他教育子女的主要方式，这些家书就成为左宗棠教育子女的"家规家训"，这构成了他家教思想的主要部分。在为学方面，左宗棠家教思想的主要内容有：不足以科名为重；子弟要勤苦立学；以早慧早达为嫌；"三到"是读书精要。这些家教思想不仅务实，其中"三到"的读书精要更具有很强的操作性。

　　左宗棠少时屡试不第，功名止于举人，他转而留意农事，遍读群书，钻研舆地、兵法。后竟因此成为清朝后期著名的大臣，被破格敕赐进士，官至东阁大学士、军机大臣，封二等恪靖侯。著有《楚军营制》，其奏稿、文牍等辑为《左文襄公全集》。与曾国藩、李鸿章、张之洞并称"晚清中兴四大名臣"。也许是这特

左宗棠铜像

殊的经历，左宗棠教育子女读书的目的在于明理，不赞成以科名为重，这在以八股取士的大清王朝确实难能可贵。他在给长子孝威的信中说："读书最为要紧，所贵读书者，为能明白事理，学作圣贤，不在科名一路也；如果是品端学优之君子即不得科第亦自尊贵，若徒然写一笔时派字，作几句工致诗，摹几篇时下八股骗一个秀才举人进士翰林，究竟是什么人物？"还说："只要读书明理，讲求做人，及经世有用之学，便是好儿子，不在科名也。"在给孝宽的信中他这样说："诸孙读书，只要有恒无间，不必加以迫促；读书只要明理，不必望以科名。子孙贤达，不在科名有无迟早，亦有分定，不在文字也。"

左宗棠主张后代要"勤苦立学"，保持"耕读家风"。他在给长子孝威的信中说："尔年十六七，正是读书时候，能苦心立学，做一明白秀才，无坠门风，即是幸事。"另一封给孝威、孝宽的信中说："尔辈衣无求华，食无求美，则当用之钱可不致缺矣。此时尚无外事分心，可勤苦学问，勿悠忽度日，最要最要。"左宗棠在家书中告诫儿子："为子弟者，以寡郊游、绝谐谑为第一要务，不可稍涉高兴，稍露矜持！其源头仍在'勤苦力学'四字，勤苦则奢淫之念不禁自无，力学则游惰之念不禁自消，而学业人品乃可与寒素相等矣。""古人经济学问，都在萧闲、寂寞中练习出来，积之既久，一旦事权到手，随时举而措之，有一二桩大事办得妥当，便足名世。"还告诫："大一岁，须立一岁志气，长一岁学问。"

以早慧早达为嫌。左宗棠于1862年10月14日知长子孝威中举后，在给孝威的信中这样说："知闰月初六日榜发，尔竟幸中 32 名，且为尔喜，且为尔虑。古人以早慧早达为嫌。晏元献、杨文和、李文正，千古有几？其小时了了，大来不佳者，则已指不胜屈。吾目中所见亦有数人，唯孙芝房侍讲稍有所成。然不幸中年赍志，亦颇不如当年所期。其他更无论也。"还说："天地间一切人与物，均是一般，早成者必早毁，以其气未厚积而先泄也。即学业亦何独不然！少时苦读玩索而有得者，皓首犹能暗诵无遗。若一读即上口，上口即不读，不数月即忘之矣。为其易得，故易失也。"左宗棠的这些话，对现实很有教育意义！现在，不少家庭的父母望子成龙心切，从学前就开始给孩子增添各种学习负担，其实这是拔苗助长，势必没有好效果。

左宗棠在教育后代上，最为难能可贵的是能够循循善诱，把自己的切身体会和具体读书方法告诉他们。

在致孝威的信中，左宗棠嘱咐他即便苦读也要保持身体的健康。他说："丰孙读书如常，课程不必求多，亦不必过于拘束，陶氏诸孙亦然。以体质非佳，苦读能伤气，久坐能伤血。小时拘束太严，大来纵肆，反多不可收拾；或渐近憨呆，不晓世事，皆必有之患。此条切要，可与少云、大姊详言之。"

左宗棠在读书的具体方法上，主张"要目到，口到，心到"。他在致孝威、孝宽的信中说："读书要目到、口到、心到。尔读书不看清字画偏旁，不辨明句读，不记清头尾，是目不到也。喉、舌、唇、牙、齿五音，并不清晰伶俐，朦胧含糊，听不明白，或多几字，或少几字，只图混过就是，是口不到也。经传精义奥旨，初学固不能通，至于大略粗解，原易明自。稍肯用心体会，一字求一字下落，一句求一句道理，一事求一事原委；虚字审其神气，实字

擇高處立尋平處坐向寬處行

發上等願結中等緣享下等福

雪松

左宗棠"发上等愿结中等缘享下等福，择高
处立寻平处坐向宽处行"对联（雪松书）

测其义理，自然渐有所悟。一时思索不得，即请先生解说，一时尚未融释，即将上下文或别章别部义理相近者反复推寻，务期了然于心，了然于口，始可放手。总要将此心运在字里行间，时复思绎，乃为心到。"

左宗棠家书中体现的爱之以德、不骄不纵、勤俭谦逊、清白正直、言传身教、自立自强等优良传统和家风，至今仍然是值得我们珍惜的宝贵遗产。

严复家训中读书法节选

　　严复是中国近代启蒙思想家、翻译家。严复系统地将西方的社会学、政治学、政治经济学、哲学和自然科学介绍到中国，他翻译了《天演论》《原富》《群学肄言》等著作，他的译著在当时影响巨大，是中国 20 世纪最重要的启蒙译著。他提出的"信、达、雅"的翻译准则至今为翻译界所尊崇。

　　严复还是个教育家。他提出了中国的学校教育应分三段的计划，即小学堂、中学堂和大学堂。小学堂吸收十六岁以下的儿童入学；中学堂吸收十六岁至二十一岁文理通顺、有小学基础的青年入学；在大学堂学习三四年，然后升入专门学堂进行分科的专业学习。1912 年京师大学堂更名为北京大学校，严复即任首任校长。

　　严复虽然是位大学问家，但他对子女的教育从不武断。他的家规家训，体现的是民主作风，同时教育子女要独立思考、要有主见。在学业上，他自己成为子女最好的家庭教师，国文、英语和算术他样样拿手，但犹嫌不足，特地聘请桐城金先生专授古典经书，约请外国老师面授英文。对子女习作，他总是先鼓励一番：

严复塑像

"吾儿书画，日来皆有进境。"然后再细加评点。

作为严复家规家训重要组成部分的家书，体现了严复的教育方法。为保证严复教育方法的"原汁原味"，这里特节录几段其写给子女的家书：

看《近思录》甚好，但此书不是胡乱看得，非用过功夫人，不知所言著落也。廿四史定后尚寄在商务馆，因未定居，故未取至。欲将此及英文世界史尽七年看了，先生之志则大矣。苟践此语，殆可独步中西，恐未必见诸事实耳。但细思之，亦无甚难做，俗谚有云：日日行，不怕千万里。得见有恒，则七级浮图，终有合尖之日。且此事必须三十以前为之，四十以后虽做亦无用，因人事日烦，记忆力渐减。吾五十以还，看书亦复不少，然今日脑中，岂有几微存在？其存在者，依然是少壮所治之书。吾儿果有此志，请今从中国前四史起。其治法，由《史》而《书》而《志》，似不如由陈而范，由班而马，此固虎头所谓倒啖蔗也。吾儿以为何如？

——《与三子严琥书》

闻看《通鉴》，自属甚佳；但《左传》尚未卒业，仍应排日点诵，即不能背，只令遍数读足亦可。文字有不解处，可就近请教伯曜或信问先生，庶无半途废业之叹。

——《与四子严璿书》

所云暑假欲游西湖一节，虽不无小费，然吾意甚以为然。大抵少年能以旅行观览山水名胜为乐，乃极佳事，因此中不但怡神遣日，且能增进许多阅历学问，激发多少志气，更无论太史公文得江山之助者矣。然欲兴趣浓至，须预备多种学识才好：一是历史学识，如古人生长经由，用兵形势得失，以及土地、产物、人情、风俗之类。有此，则身游其地，有慨想凭吊之思，亦有经略济时之意与之俱起，此游之所以有益也。其次则地学知识，此学则西人所谓 Geology。玩览山川之人，苟通此学，则一水一石，遇之皆能彰往察来，并知地下所藏，当为何物。此正佛家所云："大道通时，虽墙壁瓦砾，皆无上胜法。"真是妙不可言如此。再益以摄影记载，则旅行雅游，成一绝大事业，多所发明，此在少年人有志否耳。

——《与四子严璿书》

严复故居

彭端淑示侄为学无难易

　　天下事有难易乎？为之，则难者亦易矣；不为，则易者亦难矣。人之为学有难易乎？学之，则难者亦易矣；不学，则易者亦难矣。

　　吾资之昏，不逮人也；吾材之庸，不逮人也。旦旦而学之，久而不怠焉，迄乎成，而亦不知其昏与庸也。吾资之聪，倍人也；吾材之敏，倍人也。屏弃而不用，其与昏与庸无以异也。圣人之道，卒于鲁也传之。然则昏庸聪敏之用，岂有常哉？

　　蜀之鄙有二僧：其一贫，其一富。贫者语于富者曰："吾欲之南海，何如？"富者曰："子何恃而往？"曰："吾一瓶一钵足矣。"富者曰："吾数年来欲买舟而下，犹未能也；子何恃而往？"越明年，贫者自南海还，以告富者。富者有惭色。西蜀之去南海，不知几千里也，僧之富者不能至，而贫者至之。人之立志，顾不如蜀鄙之僧哉？

　　是故聪与敏，可恃而不可恃也；自恃其聪与敏而不学者，自败者也。昏与庸，可限而不可限也；不自限其昏与庸而力学不倦者，自力者也。

　　上述文章是清朝官员、文学家，与李调元、张问陶一起被后人称为"清代四川三才子"的彭端淑（约 1699—约 1779 ）所作的《为学一首示子侄》。文章的大意是说，人的天赋才资是否聪慧并非是决定学业有否成就的条件，只有通过主观努力，才能有所成就。作者认为为学难与易的关系并非一成不变，而可相互转化，转化的条件在于人的主观努力："学之，则难者亦易矣；不学，则易者亦难矣。"平庸与聪明的关系也可转化，如孔子的学说却由天赋不高的学生曾参相传。作者用蜀国（今四川）边远之地一贫一富两僧想去南海的故事，说明了天下无难事、有志者事竟成的道理。彭端淑还针对性地指出，自恃聪明而不学者必败，愚庸而能勤奋学习者则必有成就。

《为学一首示子侄》作于清乾隆九年（1744）。彭端淑同族的子侄很多，仅其祖父直系的就达六十九人，天资能力高低好坏的都有，当时却连一个文举人都没有，可见绝大多数子侄并不好学。彭端淑甚为忧心，急而训之，所以写了这篇文章。彭端淑是一个很谨慎的人，文章虽可针对所有的晚辈，然其用语严肃，故只点子侄。作这篇文章时还有一个背景，清代乾嘉时期，学者们潜心学问，不务声名，治学严谨朴实，形成一代学风。于是彭端淑便为他的子侄们写下这篇文章，希望他们能发扬这种风气，同时劝勉子侄们读书求学不要受资昏材庸、资聪材敏的条件限制，要发挥主观能动性。这是一篇脍炙人口、颇为典范的古文，其思想教育意义深远，八十多年前就开始被选入教材，影响了一代代人。

读《为学一首示子侄》，不禁令人想起了北宋文学家王安石的《伤仲永》。文章讲述了在江西金溪一个名叫方仲永的神童，因后天父亲不让他学习而沦落为一个普通人的故事。《伤仲永》

与《为学一首示子侄》一样，都是在告诫人们决不可因天资聪慧而不去学习新知识，必须注重后天的教育和学习，并都强调了后天教育和学习对成才的重要性。

毛泽东遵家训奋志芸窗

毛泽东（1893—1976），为中国人民的解放事业做出了卓越的贡献，他不仅是一位伟大的无产阶级革命家、战略家、理论家，诗人和书法家，更是一位刻苦治学的学者。毛泽东终生与书为伴，他对书的热爱无人能及。毛泽东曾说过："饭可以一日不吃，觉可以一日不睡，书不可以一日不读。"这种自少年时期就养成的习惯，是他成为伟人、做出丰功伟绩的先决条件之一。毛泽东祖辈的家训家戒中，有一部《韶山毛氏家训家戒》世代相传，它对毛泽东的成长起到了潜移默化的作用，1959 年 6 月回韶山时，毛泽东还点名要看这本书，足见其影响之深。

韶山毛氏家训共有十条，对韶山毛家人的理想、伦理、道德和人生追求等做出了规范，它继承和发扬了中国传统文化中的优秀成分，对今天中国人的家风建设具有十分重要的参考意义。"奋志芸窗"是家训规定中的一条，其实，这也是毛泽东刻苦读书的真实写照。

1910 年的秋天，毛泽东走出乡关韶山，踏上外出求学之路。临行前，毛泽东改写了他人的一首诗，夹在父亲每天都要看的账

毛氏家族《源流记》

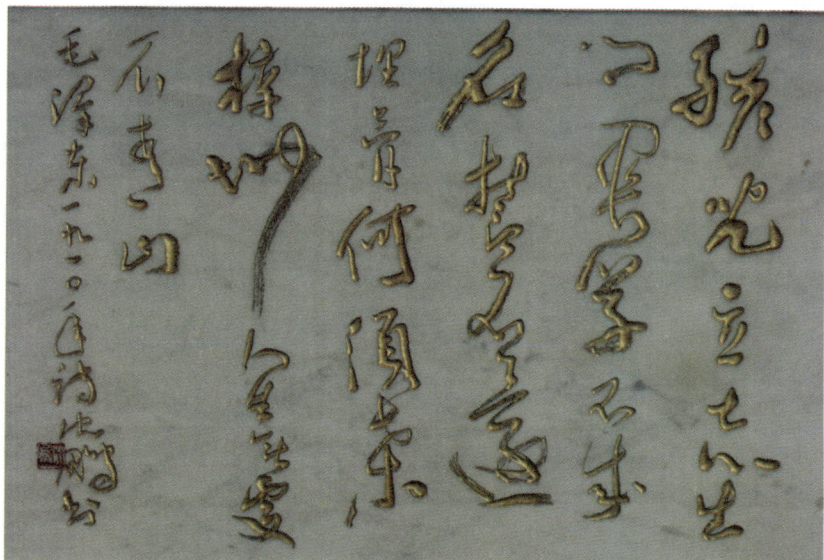

毛泽东于 1910 年秋离开韶山外出求学时作的诗（沈鹏书）

簿里，以作告别："孩儿立志出乡关，学不成名誓不还。埋骨何须桑梓地，人生无处不青山。"这首诗是毛泽东奔向外面世界的宣言书，表明了他胸怀天下、志在四方的远大抱负。

在长沙求学时期，毛泽东曾说过"少年学问寡成，壮岁事功难立"。他立言以身心之修养、学问之研求为主，用功读书，持之以恒。毛泽东还曾书写过一副自勉联："贵有恒，何必三更起五更眠；最无益，只怕一日曝十日寒。"他是这样说的，也是这样做的。在湖南省立一中读书时，一位国文教员借给他一部《御批历代通鉴辑览》，这部书多达一百一十六卷，毛泽东爱不释手，带着极高的兴趣读完了这部书，对从传说中的黄帝到明末中国历史的逐步演进，有了一个概略的了解。毛泽东读完后，觉得自己独立读书、思考比在学校按部就班地上课更能发挥自身的长处。于是，他制订了一个自修计划，每天到省立图书馆去看书，开始了他"极有价值"的自学生活。

在藏书丰富的图书馆里，毛泽东终于找到了心之所向。他每天废寝忘食，广泛涉猎古今中外的各种书籍报刊。到了寒冬时节，阅览室里温度很低，毛泽东坐久了，脚冷得发麻胀痛，他只是站起来活动活动，跺跺脚，而后便又一心扑到了书中。毛泽东读书十分刻苦，就像当时的图书馆管理员所说的那样："那时候，我们图书馆每天早上一开门，就'欢迎'毛泽东，因为他来得最早，他已等候多时了；每天下午关门，要'欢送'毛泽东，因为他走得最晚，不催他，他不走。从炎夏到寒冬，从不间断。"

新中国成立后，毛泽东仍终日与书为伴。为了读书，他把一切可以利用的时间都用上了。在下水游泳前活动身体的几分钟里，有时还要看上几句名人的诗词。游泳上来后，顾不上休息，就又捧起了书本。一部重刻宋代淳熙本《昭明文选》，就是利用这段时间，今天看一点，明天看一点，断断续续看完的。毛泽东外出开会或视察工作，常常带一箱子书。途中列车震荡颠簸，他全然不顾，总是一手拿着放大镜，一手按着书页，阅读不辍。到了外地，同在北京一样，床上、办公桌上、茶几上、饭桌上都摆放着书，他一有空就看起来。毛泽东晚年虽重病在身，仍不废阅读。有一次，毛泽东发烧到39度多，医生嘱咐他休息，不让他看书。他难过地说："我一辈子爱读书，现在你们不让我看书，叫我躺在这里，整天就是吃饭、睡觉，你们知道我是多么难受啊！"工作人员不得已，只好把拿走的书又放在他身边，他这才高兴地笑了。

"奋志芸窗"曰："坐我明窗讲习，几曾挥汗荷锄。驱蚊呵冻志无休，诵读不分昼夜。任他数伏数九，我只索典披图。桂花不上懒人头，刻苦便居人右。"毛泽东家风淳正，涵养了他笃志力学的信念，也为他建立卓越功勋打下了坚实的基础。毛泽东把自己的命运与国家的命运结合在一起，以"天下兴亡，匹夫有责"自勉，怀着"立志出乡关，学不成不还"的远大抱负，离开了山村，一步步走向越来越广阔的人生舞台。他不断加强自身修养，立志救国，并付出巨大努力，为中国的解放和探索社会主义建设做出了巨大的贡献。梅花香自苦寒来，没有刻苦的意志，就成就不了一代伟人。

附：韶山毛氏家训

一、培植心田。一生吃着不尽，只是半点心田。摸摸此处实无怨，到处有人称羡。不看欺瞒等辈，将来堕海沉渊。吃斋念佛也徒然，心好便膺帝眷。

二、品行端正。从来人有三品，持身端正为良。弄文侮法有何长，但见天良尽丧。居心无少邪曲，行事没些乖张。光明俊伟子孙昌，莫作蛇神伎俩。

三、孝养父母。终身报答不尽，惟尔父母之恩。亲意欣欣子色温，便见一家孝顺。乌鸟尚知报本，人子应念逮存。若还忤逆悖天伦，只恐将来雷震。

四、友爱兄弟。兄弟分形连气，开生羽翼是也。只因娶妇便参差，弄出许多古怪。酒饭结交异性，无端骨肉喧哗。莫为些小竞分家，百忍千秋佳话。

五、和睦乡邻。风俗何以近古？总在族和邻睦。三家五户要相亲，缓急大家帮衬。是非与他拆散，结好不啻朱陈。莫恃豪富欺贫，有事常相问讯。

六、教训子孙。子孙为何贤知，父兄教训有方。朴归陇亩秀归庠，不许闲游放荡。雕琢方成美器，姑息未为慈祥。教子须知窦十郎，舐犊养成无状。

七、矜怜孤寡。天下穷民有四，孤寡最宜周全。儿雏母苦最堪怜，况复加之贫贱。寒则予以旧絮，饥则授之余膳。积些阴德福无边，劝你行些方便。

八、婚姻随宜。儿女前生之债，也宜随分还他。一时逞兴务繁华，曾见繁华品谢。韩侯方歌百两，齐姜始咏六珈。大家从俭莫从奢，彼此永称姻娅。

九、奋志芸窗。坐我明窗讲习，几曾挥汗荷锄。驱蚊呵冻志无休，诵读不分昼夜。任他数伏数九，我只索典披图。桂花不上懒人头，刻苦便居人右。

十、勤劳本业。天下有本有末，还须务本为高。百般做作尽糠糟，纵有便宜休讨。有田且勤尔业，一艺亦足自豪。栉风沐雨莫乱劳，安用许多机巧。

帅门唯以耕读勤俭为尚

刘伯承（1892—1986）是中华人民共和国元帅，中国人民解放军缔造者之一，也是伟大的无产阶级革命家。他的一生，经历了中国革命战争的全部过程。他判断敌情准确，战斗计划周密，善于出奇制胜，以神机妙算、足智多谋著称。他和老一辈革命家一起，为新中国的成立建立了不朽功勋。刘伯承的军事才能名贯中外，毛泽东主席对他有高度评价。中国人民也为人民军队中有这样一位常胜统帅而自豪。在刘伯承铁马金戈的生涯中，家庭生活亦色彩纷呈。其中他对家庭的爱心、责任心以及他的家教和家规也是值得抒写的一笔。

刘伯承的父亲刘文炳亲自编纂了一本家谱，在"训曰诫尔子孙"一节中写道："唯耕读勤俭为尚，慈善友恭为最……量思宏、犯思忍、劳思先、功思让、坐思下、行思后、名思悔、位思卑、守思终、退思早。"这些家训，在刘伯承幼小的心灵上打下深深的烙印，无疑对他日后爱学苦索、坚毅求实、慎思断行、语言风趣的性格特征和高尚品德的养成起了很大的作用。

1912 年春，刘伯承以优异的成绩被重庆军政府将校学堂录取。1927 年 11 月，南昌起义失败后，三十五岁的他受中共中央委派，从上海前往苏联，进入苏联高级步兵学校和伏龙芝军事学院学习深造。刚踏上莫斯科的土地，刘伯承就被告知自己的俄文名叫"阿法纳西耶夫"。名字很长，不好记，一直到进校报到时，刘伯承都在心里默念着这个名字。上第一节课时，刘伯承还在默念"阿法纳西耶夫"，一抬头发现周围人都看着他哄笑起来，原来上面已经点到"阿法纳西耶夫"了，他却没听出来。从那以后，刘伯承坚定了要学好俄语的信念。他花费比别人更多的精力，最终以优异的成绩毕业。时隔多年，他依然能说一口地道的俄语。

刘伯承的长子刘太行回忆起去世多年的父亲，最难以忘怀的是一家人一起读书写毛笔字的情形。"父亲特别疼爱我们，私下里也很和蔼可亲，但是如果谁不认真读书，他就会毫不留情地教训我们。"刘太行刚一岁时就远离父母，被送到延安保育院。新中国成立后，他才回到父母身边。从小的疏离，让他一度无法和父亲亲近。但刘伯承偏偏对他很严厉，久别重逢后给这个儿子的"见面礼"竟然是厚厚一摞书。"认真读，把里面的文章背下来。"父亲的话让刘太行蒙了。碍于父亲的威严，刘太行没有当面反对，但私下里，他并未按照父亲的要求背书。等到刘伯承检查时，他根本不会背，自然就会挨训。"语文课本上提到的书，也要全部背诵。《社戏》《故乡》《鸿门宴》是多么好的文章！"父亲一边说一边背诵起来。从刘太行正在学习的语文课本，到《史记》，刘伯承都背得滚瓜烂熟。刘太行硬着头皮读书、背书，放弃了很多和小伙伴玩耍的时光，有时难免在心里责怪父亲太过严厉，也会用自己的方式反抗。但小学六年级的一天，当他看见父亲让

量思宏　犯思忍　勞思先　功思讓　坐思下

行思徙　名思徙　位思卑　守思終　退思早

一孝為百行凡生事葬祭皆宜隨分自盡毋忤逆

失養毋遠遊遺親毋居喪毋致不敬

一弟為順德凡揖讓應對皆宜循禮毋疾

行先長毋出言不遜毋悔慢老成毋居傲尊貴

一忠上免罪凡國課公務皆宜盡心圖報毋視觀科

催毋玩法激悖毋閭上行私毋作奸犯律

一信為行本凡睦族接友皆宜露瞻被肝毋口是心非

一禮為教本凡持身接物皆宜循規蹈矩毋持勢放

毋貌恭內玩毋師智驚愚毋懷私忌義

薄毋挑達祥狂毋凌傲親朋毋輕忽良善

一義為事準凡處事制事皆宜省察裁度毋輕

情直遂毋好利餙非毋貪溢樂福毋見義不為

一廉以養心凡辭受取與皆宜以理制欲毋臨財苟得

毋懷惠辱行毋貪芬積怨毋慳義忘恩

刘伯承父亲刘文炳书写的家训

母亲穿好针线，为他和弟弟缝补因为翻得太勤而破旧的书时，突然明白了父亲说的"尚能生存，就一定要好好读书的深意"。早在战争中失去了一只眼睛的刘伯承，另一只眼睛的视力也越来越模糊，但是他仍会拿起针线，仔细地缝补被孩子们翻破了的书。这种对书的珍爱和对知识的渴求，深深地打动了刘太行。

刘伯承不论在职或是离职，从不为个人、为亲属、为家庭谋取任何好处。家属子女嫌他有时做得过分了，常常抱怨他是否有点没情义，他却说："我的职权，是党和人民给的，没有权利随便使用。如果谁要借我的名义去捞取什么好处，那就找错了门子。我个人的荣誉，不是我从娘肚子里出来就有的，而是靠党的正确领导，靠同志们的支持，是人民寄予的厚望。我能贪天之功为己功吗？"

刘伯承的电话间里贴着一张刘伯承夫人汪荣华写的"告示"："儿女们，电话是党和国家供你爸爸办公的，你们不许用这些电话办私事。假公济私的作风不许带到我们家里来。"子女们办私事想用爸爸的电话，刘伯承夫妇不允许，更不用说动用汽车了。

南京解放以后，刘伯承元帅是南京市的首任市长。有一天，刘伯承带着一家人兴致勃勃地前往中山陵，这对于刚进大城市的儿女来说当然很高兴。可是不凑巧，到了中山陵，只见园林局贴出一张通知，说这天不开放，刘太行很扫兴。他灵机一动，心想爸爸是南京市市长，既然已经来了，只要与陵园负责人说说，就可以参观。这时，中山陵的负责人正巧路过这里，认出了刘市长，主动说市长可以参观。然而，刘伯承说："我这个市长不能破坏这个规矩，应按规定办事，改日再来。"尽管陵园负责人再三解释，挽留参观，他说什么也不参观，说完就把孩子领回家去了。刘伯承见刘太行没玩成心里不高兴，就对儿子说："我虽然是一个高级干部，但和普通的工作人员一样，都是为人民服务的，因此也应该按规矩办事，不能有任何特殊。一特殊，我这个市长今后怎么有威信呢，谁还服从你管呢？"一席话，说得刘太行和其他弟妹连连点头。

家规家训中的为学四诚

古代家规家训大都浓缩了作者毕生的生活经历、人生体验和学术思想等方面的内容，不仅其子孙从中获益颇多，就是今人读来也大有可借鉴之处。翻阅浩瀚的典籍，我们可从中总结出古人为学的心得。这些为学心得可归纳为四诚：

<u>一诚不可以无学</u>。孔子在《论语·卫灵公》中说："吾尝终日不食，终夜不寝，以思，无益，不如学也。"他也说："学而不思则罔。"（《论语·为政》）孔子认为，那种毫无实际意义的空想是浪费时光，因而坚决反对。他主张人们脚踏实地的学习。孔子的见解，是要建立严谨的学风，端正求实的态度。因此，他的为学思想具有很大影响，在中国文化史上产生过巨大作用。

梁简文帝萧纲（503—551）虽然是个悲剧式的皇帝，在政治上也无所作为，但他在《诫子》一文中却极力赞扬孔子的为学思想："汝年时尚幼，所阙者学，可久可大，其惟学欤！所以孔丘言：'吾尝终日不食，终夜不寝，以思，无益，不如学也。'"

对于为什么为学，古代的家规家训也进行了深刻阐述。

西汉经学家、目录学家、文学家、史学家刘向曾撰《说苑》，全书凡二十卷，内容涉及广泛，诸多义理，言简意赅，饶富意趣。对于什么为"学"，刘向答："孔子曰：'君子不可以不学，见人不可以不饰。不饰则无根，无根则失理，失理则不忠，不忠则失礼，失礼则不立。'"诸葛亮则直接告诉儿子说："才须学也，非学无以广才。"（《诫子书》）与袁枚、赵翼并称"乾隆三大家"的戏曲家、文学家蒋士铨（1725—1785）则更明确地比喻道："莫贫于无学""莫苦于无识""无学如病瘵""无识如盲人""学以腴其身""识以坦其心"。

<u>二诫学品不端正</u>。中国人讲修养，历来注重一个"品"字。人品、官品和学品是人的三项基本修养。学品，简言之就是一个人的学识功夫和学术品格。

首先，在为学上要有操守。诸葛亮在《诫子书》中的阐述十分精辟："夫君子之行，静以修身，俭以养德。非澹泊无以明志，非宁静无以致远。夫学须静也，才须学也，非学无以广才，非志无以成学。淫慢则不能励精，险躁则不能治性。"意思是说，不安定清静就不能为实现远大理想而长期刻苦学习，要学得真知，必须使身心在宁静中研究探讨，人们的才能是从不断地学习中积累起来的；不下苦功学习就不能增长与发扬自己的才干；没有坚定不移的意志就不能使学业成功。

其次，要博览群书。林则徐在给二儿子的家书中说："除诵读作文外，余暇须批阅史籍；惟每看一种，须自首至尾，详细阅完，然后再易他种。最忌东拉西扯，阅过即忘，无补实用。"

对于学术品格，《颜氏家训》曰："习五兵，便乘骑，正可称武夫尔，今世士大夫，但不读书，则称武夫儿，乃饭囊酒瓮也。"

其实，这就是古今都提倡的学品要"真、实、正、勇"。《颜氏家训》的话语值得当今学术界深思。

三诫流于惰性。《乐府诗集·长歌行》曰："百川东到海，何时复西归。少壮不努力，老大徒伤悲。"这也告诫我们，要趁年纪还轻好好努力，不要到老了的时候，一事无成，这样只能悲伤、后悔。因此，当一个人有惰性心理时，做事就会迟迟不行动，一拖再拖。所以家规家训中，对惰性也有颇多论述。这里仅举一例便足以一窥全豹。《曾国藩家书·谕纪泽》曰："余在军中不废学问，读书写字未甚间断，惜年老眼蒙，无甚长进。尔今未弱冠，一刻千金，切不可浪掷光阴。"

四诫急于求成。《论语》中曰："无欲速，无见小利。欲速则不达，见小利则大事不成。"宋司马光在《与王乐道书》中说："夫欲速则不达，半岁之病岂一朝可愈。"因此，凡事都要讲究循序渐进。对于学习，则更是"欲速则不达"。《颜氏家训》中说："学为文章，先谋亲友，得其评裁，知可施行，然后出手，慎勿师心自任，取笑旁人也。自古执笔为文者，何可胜言。然至于宏丽精华，不过数十篇耳。但使不失体裁，辞意可观，便称才士。要须动俗盖世，亦俟河之清乎。"急于写出惊世骇俗的文章，那真要等到黄河水清了。颜之推的话，真是不无道理。《郑板桥家书》中也说："读书以过目成诵为能，最是不济事。眼中了了，心下匆匆，方寸无多，往来应接不暇，如看场中美色，一眼即过，与我何与也。"

经典家规中的劝学警句

　　传统家规家训是中华民族传统文化宝库中最具特色的部分，从先秦到明清，流传下了很多经典。这些经典中，有许多关于劝学的道理成为后代发奋读书的警句，提醒人们要保持苦学立志的优秀品格。现从经典家规家训中遴选出具有广泛性和代表性的劝学警句，以飨读者。

　　子路见孔子，子曰："汝何好乐？"对曰："好长剑。"孔子曰："吾非此之问也。徒谓以子之所能，而加之以学问，岂可及乎？"……

　　子路曰："南山有竹，不柔自直，斩而用之，通于犀革。以此言之，何学之有？"孔子曰："栝而羽之，镞而砺之，其入之不亦深乎？"子路再拜曰："敬而受教。"

——《孔子家语·子路初见篇》

　　才须学也，非学无以广才。

——诸葛亮《诫子书》

曹大家《女戒》曰：今之君子徒知训其男，检其书传，殊不知夫主之不可不事，礼义之不可不存。但教男而不教女，不亦蔽于彼此之教乎？《礼》：八岁始教之书，十五而志于学矣！独不可依此以为教哉。夫云妇德，不必才明绝异也；妇言，不必辩口利辞也；妇容，不必颜色美丽也；妇功，不必工巧过人也。清闲、贞静、守节、整齐，行己有耻，动静有法，是谓妇德。择辞而说，不道恶语，时然后言，不厌于人，是谓妇言。盥浣尘秽，服饰鲜洁，沐浴以时，身不垢辱，是谓妇容。专心纺绩，不好戏笑，洁斋酒食，以奉宾客，是谓妇功。此四者，女之大德，而不可乏者也。然为之甚易，唯在存心耳。凡人，不学则不知礼义。不知礼义，则善恶是非之所在皆莫之识也。于是乎有身为暴乱而不自知其非也，祸辱将及而不知其危也。然则为人，皆不可以不学，岂男女之有异哉？是故女子在家，不可以不读《孝经》《论语》及《诗》《礼》，略通大义。其女功，则不过桑麻织绩、制衣裳、为酒食而已。至于刺绣华巧、管弦歌诗，皆非女子所宜习也。古之贤女无不好学，左图右史，以自儆戒。

——司马光《家范》

幼而学者，如日出之光；老而学者，如秉烛夜行，犹贤乎瞑目而无见者也。

——颜之推《颜氏家训》

玉不琢，不成器；人不学，不知道。然玉之为物，有不变之常德，虽不琢以为器，而犹不害为玉也。人之性，因物则迁，不学，则舍君子而为小人，可不念哉？

——欧阳修《诲学说》

卷之十

孔子家語卷第一

王肅注

相魯第一

孔子初仕爲中都宰　制爲養生送死
之節長幼異食　如禮年五　制爲養生送死
之事各獲　十　強弱異任　任謂
　　　不用弱地　　　強弱異任　不雕
僞無文飾喪　　　　　男女別塗路無拾遺器
僞畫不　諸　　爲四寸之棺五寸之椁以木
因丘陵爲墳不封　　不聚土以
　　　起　實土也　不樹　松栢行
之一年而西方之諸侯則焉　西方
　　　　　　　　　　　　　諸侯皆在東故

《孔子家语》书影

后生才锐者，最易坏。若有之，父兄当以为忧，不可以为喜也。切须常加简束，令熟读经子，训以宽厚恭谨，勿令乎浮薄者游处。自此十许年，志趣自成。不然，其可虑之事，盖非一端。吾此言，后人之药石也，各须谨之，毋贻后悔。

——陆游《放翁家训》

多读书达观古今，可以免忧。

读书少则身暇，身暇则邪间，邪间则过恶作焉，忧患及之。

——吴麟征《家诫要言》

盖士人读书，第一要有志，第二要有识，第三要有恒。有志则断不甘为下流；有识则知学问无尽，不敢以一得自足，如河伯之观海，如井蛙之窥天，皆无识者也；有恒则断无不成之事。此三者缺一不可。

——曾国藩《曾国藩家书·致诸弟》

学业才识，不日进则日退。须随时随事，留心著力为要。事无大小，均有一当然之理，即事穷理，何处非学？昔人云："此心如水，不流即腐。"张乖崖亦云："人当随事用智。"此为无所用心一辈人说法。果能日日留心，则一日有一日之长进；事事留心，则一事有一事之长进。由此累积，何患学业才识不能及人邪！

——左宗棠《与陶少云书》

励志篇

司马谈励子迁不废史文

《史记》记载了我国上至上古传说中的黄帝时代，下至汉武帝元狩元年间共三千多年的历史。这部鸿篇巨制对后世史学的发展产生了深远影响，其首创的纪传体编史方法为后来历代"正史"所传承。同时，《史记》还被认为是一部优秀的文学著作，在中国文学史上有重要地位，被鲁迅誉为"史家之绝唱，无韵之《离骚》"；刘向等人认为此书"善序事理，辩而不华，质而不俚"。

《史记》的作者司马迁（字子长）为了完成父亲司马谈的遗愿而著《史记》。司马谈（？—前110），夏阳（今陕西韩城南）人，汉初建元至元封年间任太史令。他对自己的祖先曾做过"太史"官，十分敬慕，立志与典籍为伴，专心治史。司马谈根据《国语》《战国策》《楚汉春秋》等书，收集资料，撰写史籍，未成而卒。他去世前，希望其子司马迁继其遗职，继续进行史学研究。

司马谈死后，汉元封三年（前108），司马迁做了太史令。汉太初元年（前104），他开始动手编《史记》。汉天汉二年（前99），李陵出击匈奴，兵败投降，汉武帝大怒。司马迁为李陵辩护，得罪了汉武帝，获罪被捕，被判宫刑。"人固有一死，或重于泰山，

《史记》书影

或轻于鸿毛，用之所趋异也。"（《报任安书》）为了完成父亲遗愿，司马迁发愤著书，全力写作《史记》，大约在他五十五岁那年终于完成了全书的撰写和修改工作。

对于父亲的期待与鼓励，司马迁在《史记·太史公自序》中有详细记载：

余先周室之太史也。自上世尝显功名于虞夏，典天官事。后世中衰，绝于予乎？汝复为太史，则续吾祖矣。今天子接千岁之统，封泰山，而余不得从行，是命也夫，命也夫！余死，汝必为太史；为太史，无忘吾所欲论著矣。且夫孝始于事亲，中于事君，终于立身。扬名于后世，以显父母，此孝之大者。夫天下称诵周公，言其能论歌文武之德，宣周邵之风，达太王王季之思虑，爰及公刘，以尊后稷也。幽厉之后，王道缺，礼乐衰，孔子修旧起废，论诗书，作春秋，则学者至今则之。自获麟以来四百有余岁，而诸侯相兼，史记放绝。今汉兴，海内一统，明主贤君忠臣死义之士，余为太史而弗论载，废天下之史文，余甚惧焉，汝其念哉！

司马迁一方面在父亲的鼓励下完成了他的遗志，另一方面认为自己身为太史公，有完成论载上代历史的任务。他在《太史公自序》中也指出身为太史的职责："且余尝掌其官，废明圣盛德不载，灭功臣、世家、贤大夫之业不述，堕先人之言，罪莫大焉。"因此，司马迁一心秉承先人世传及"述往事思来者"的责任感，决意撰述《史记》。他在《报任安书》中也透露出著述《史记》的目的，他说："凡百三十篇，亦欲以究天人之际，通古今之变，成一家之言。"可见他不但要完成太史令的责任，更要尽史学家的职责。

刘向用名言劝子勿骄奢

刘向（约前 77—前 6）是西汉经学家、目录学家、文学家、史学家。

刘向之子刘歆从小受父亲影响，博览群书，对礼、乐、射、御、书、数这六艺和诗赋、方技等都非常在行，因此被汉成帝委任为黄门郎。但知子莫若父的刘向担心儿子少年得志，不知处事的深浅，就写了《戒子歆书》："告歆思之无忽，若未有异德，蒙恩甚厚，将何以报？董生有云：'吊者在门，贺者在闾。'言有忧则恐惧敬事，敬事则必有善功，而福至也。又曰：'贺者在门，吊者在闾。'言受福则骄奢，骄奢则祸至，故吊随而来。齐顷公之始，藉霸者之余威，轻侮诸侯，亏蹇跛之容，故被鞍之祸，遁服而亡。所谓'贺者在门，吊者在闾'也。兵败师破，人皆吊之，恐惧自新，百姓爱之，诸侯皆归其所夺邑，所谓'吊者在门，贺者在闾'也。今若年少，得黄门侍郎，显处也。新拜皆谢，贵人叩头，谨战战栗栗乃可必免。"

这封信相当质朴，开篇就告诫：孩子，如果你没有特殊的品德才干，却被委任高官，你该如何报答呢？接着引用了西汉经学大师董仲舒的名言"吊者在门，贺者在闾""贺者在门，吊者在闾"告诫刘歆，福祸可能相依，也许会互相转化的道理。人生在世，时刻身处祸福之间，只有忠诚谨慎的人可得平安；少年得志，也不要得意张狂。言行要合乎自己的身份，不可轻率、轻佻，不说不合自己身份的话，不做与自己身份不一致的事。

刘歆年少得志，贵为重臣的刘向，在自己的孩子得到官职时，并非扬扬得意，夸赞自己孩子有出息，而是教他要谨慎恭敬，"战战栗栗"，可谓"父母之爱子，则为之计深远"。

"贺者在门，吊者在闾"的例子在历史上不可胜数。"初唐四杰"王勃、杨炯、卢照邻、骆宾王，四人才高八斗、学富五车，名动一时。唐初著名的宰相裴行俭见过这四人之后，却说："读书人堪当重任，应当首先在于度量见识，而后才是才艺技能。王勃等虽有文才，而气质浮躁浅露，哪里是能够享受官爵俸禄的材料？杨炯稍微沉静，应该可以做到县令；其余的人能得善终就算幸运了。"

后来，王勃渡海时落水被淹死，杨炯死在盈川县令任上，卢照邻因患顽症不能治愈，投水自尽，骆宾王因谋反被处死。正如裴行俭所预言。

《戒子歆书》是刘向于刘歆初登仕途、出任黄门郎时所写。"受福则骄奢，骄奢则祸至"，这个警告可以说来得并非不及时。所谓"知子莫若父"，刘向的忠告，刘歆并没有听进去，他不择手段地谋求功名利禄，成为王莽篡汉的帮凶。而刘向对汉家王朝忠心耿耿，誓死效忠。以结局来看，二人虽然都成为学问大家，一代宗师，但刘向得以善终，而刘歆在七十三岁高龄时国破家亡，被迫自尽。

刘向画像

　　人们常以得到名望、地位、财力等来表示受福，当这些福来临后，却常因此得意起来，变得骄奢傲慢。有了这样不良的心态后，行为举止就不能谨慎，甚至做出许多违理之事，因此祸就不远了。所以说"受福则骄奢，骄奢则祸至，故吊随而来"。并非有福就必然有祸，而是因为受福之后，不知如何惜福，反而因福造恶，以不善的心念、言行，造作种种不善之事，如此，灾祸才接踵而至。只有战战兢兢，如临深渊，如履薄冰，以谨慎的态度，使处事更为周到，思绪也更为周详。如此谨慎敬事、认真办事，有功于社会，那福也随之而来了。难怪说"生于忧患，死于安乐"，也说"谦受益，满招损"，这些都在警示我们，不可安逸自满，也不要傲慢自恃。特别是在受福之时如能保持一颗谦恭之心，则可平息许多的不平与埋怨。

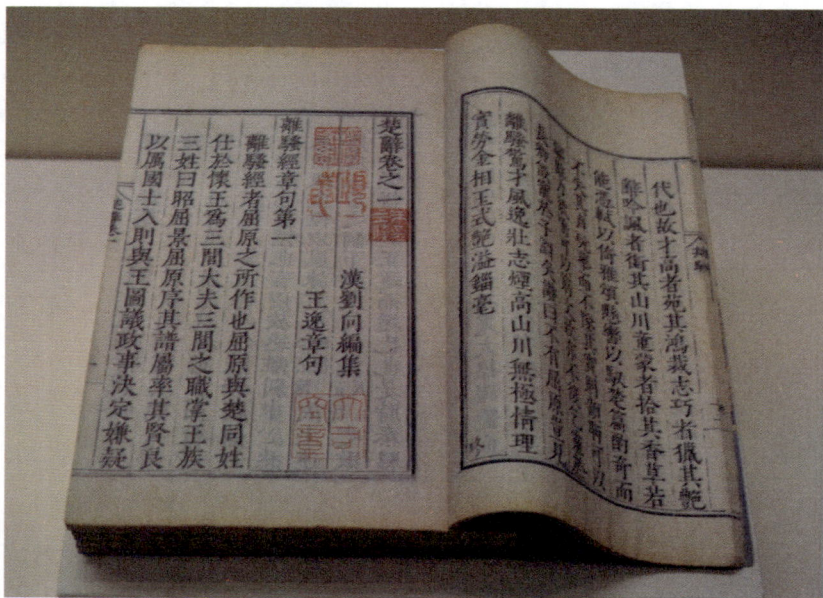

刘向所辑的《楚辞》

欧阳修诫侄守廉不避死

　　《与十二侄》是北宋政治家、文学家欧阳修（1007—1072）写给侄子的一封家书。也确实是道家常语，说家常事，寥寥二百字，却包含着太多值得品味的重要信息。尤其是告诫侄子，"如有差使，尽心向前，不得避事"，甚至要考虑并做到"临难死节"，因为这样因公、为国而死是光荣的。欧阳公如此坚决、恳切地对子侄辈提出"因公不避死"的要求，即便是在千载以后的今天，读起来仍然能让人感受到一股爱国爱民的正气与豪气："欧阳氏自江南归朝，累世蒙朝廷官禄，吾今又被荣显，致汝等并列官品，当思报效。偶此多事，如有差使，尽心向前，不得避事。至于临难死节，亦是汝荣事，但存心尽公，神明亦自佑汝，慎不可思避事也。昨书中言欲买朱砂来，吾不缺此物，汝于官下宜守廉，何得买官下物？吾在官所，除饮食外，不曾买一物，汝可观此为戒也。"

　　史料表明，欧阳氏自从由江南归顺大宋以来，世代蒙受朝廷的官禄，欧阳修告诫侄子，在国家多事之秋，如有差事，一定要尽心竭力，要以不作为为耻。就算遇到危难，也要挺身而出，为国而死，那也是很光荣的事情。信里提到买朱砂一事，欧阳修的态度特别值得称赞，即便在今天，这也是一种非常有借鉴意义的处理方式。他要求侄儿居官守廉，首先训诫十二郎不得买官下物；接着说自己居官，除饮食外，不曾买一物，并要求侄儿要守此为戒。严于律己，以身作则，说出的话才有分量，以事实为依据的道理，才能令人心服口服。有当代人评论说，欧阳修在这封家书中所提出的为官之道——"因公不避死，居官宜守廉"，不仅在当时是值得提倡并应身体力行的为官准则，就是在今天，也是我们用来教育年轻人的好教材。

众所周知，欧阳修是个伟大的文学家，晚年自号"六一居士"。作为一个多才多艺的文学家，欧阳修通常给人一种潇洒通脱、丰神俊朗的印象，以至大多数人对他的政治生涯知之甚少。实际上，欧阳修不仅是一个声名赫赫的文学家，还是个很有作为的政治家。

有研究者指出，欧阳修的政治生涯和范仲淹极为相似，仕途坎坷，几起几落。他曾以翰林学士身份主持进士考试，提倡平实的文风，录取了苏轼、苏辙、曾巩等人，在北宋文坛享有极高声誉，曾任枢密副使、参知政事、刑部尚书、知州等职。熙宁四年（1071），以太子少师的身份辞职。欧阳修是开一代风气的文学大师，"唐宋八大家"之一，北宋诗文革新运动的领袖。他主张"言以载事而文以饰言"，大力提倡简而有法和流畅自然的文风，反对浮靡雕琢和怪僻晦涩。这种文风，与他政尚宽简的为官之道颇相吻合。

欧阳修做官时提倡宽简政治、健全制度以规范官员行为，同时注重加强教化，引人向善。《宋史》记载，欧阳修在任地方官

欧阳修母亲画荻教子

的十多年间，"不见治迹，不求声誉，宽简而不扰，故所至民便之"。这比起现今习惯于庸政扰民，大搞政绩工程、形象工程，甚至虚假政绩的某些地方官员实在有霄壤之别。当然，欧阳修的"宽"，并不是放纵，"简"也不是图省事。"宽"就是不要去做那些苛刻急迫的事情；"简"就是不要去做那些烦琐扰民的事情。欧阳修每到一地，都能做到薄赋轻刑、兴利除弊、和谐宽柔，深得民心。

欧阳修对廉洁看得很重，对自己是这样，对亲友是这样，在与人相处时，也很注重对方操守。当年滕子京因经济问题蒙受冤屈时，欧阳修和范仲淹一样不顾丢官罢爵的危险为其鸣冤叫屈。但在滕子京大搞形象工程重修岳阳楼的问题上他则有不同看法，滕子京向他约稿请他撰写《岳阳楼记》时，他推托说自己"旧学荒芜，文思衰落""勉强不能"，而此时他写的《醉翁亭记》可谓脍炙人口。有评论说，当初出手相援，是出于公心，而此时保持距离，便是出于内心的公义，这就是欧阳修的风骨和分寸。

欧阳修是个文章大家，原以为与家中晚辈的往来书信，总是要谈些读书作文的事情，而这封《与十二侄》中却是只字未提，如果看看欧阳修平时的言行也就不奇怪了。欧阳修在京时常有各地学者登门拜访，他们发现"欧阳公多谈吏事"，有人提出疑问说：本想讨教道德文章，今先生更多的是教人以吏事，这是为何？欧阳修回答："吾子皆时才，异日临事当自知之。大抵文学止于润身，政事可以及物。"意思是说文学主要是用来提高个人修养的，而政事却是关系时世百姓的大事，你们将来都要出去做官，这一点切须注意。所以，欧阳修告诫侄子遇事要"尽心向前，不得避事"，要"守廉"，这也体现了欧阳修一贯的作风。

苏母教导苏轼学做范滂

据人民日报社组织编写的《习近平用典》一书统计，习近平引用典故最多的古代名人是宋代文学家、政治家苏轼，全书收录他引用苏轼的诗句达七次。习近平总书记曾多次表示他很喜欢苏轼的名言："天下之患，最不可为者，名为治平无事，而其实有不测之忧。坐观其变而不为之所，则恐至于不可救。"苏轼（1037—1101），宋代著名文学家、政治家，与父苏洵、弟苏辙，合称"三苏"。苏轼身上有让我们痴狂的神仙气，使我们对他无比的神往，但更有让我们觉得亲切的烟火气，使我们无比乐意亲近。超逸却又亲切，空灵却又温情，执着却又洒脱，幻灭却又牵挂。这也许正代表了苏轼在人们心目中的形象。

苏轼之所以能够写出"大江东去，浪淘尽，千古风流人物"的诗句，与其家庭的教育是分不开的，特别是父亲苏洵以及母亲程氏夫人注重亲自对孩子的教育。《苏氏族谱》记载，"三苏"先人有其共性："乐善好施，淡泊名利；忠敬笃孝，重义行侠；无心仕进，随遇而安；外家多才，贤为辅佐。"这些良好的家族操守，被苏氏后人一脉相承，在具有这样品格的家族中，"三苏"的产

苏轼画像

生是必然的。也正是因为这种言传身教的教育使得他们在教育的过程中善于发现子女的闪光点，从而造就了苏轼大义凛然、刚正不阿的精神。

苏轼十岁的时候，父亲经常外出游学，教育的重担便落在能识字断文的苏母身上。一天，苏母给苏轼讲《后汉书·范滂传》中的故事。范滂是东汉著名政治家，他查办贪官污吏，铁面无私，结果遭到奸臣陷害，被判处极刑。上刑场前与母亲诀别，他说："母亲，我对不起您。今后只有靠弟弟尽孝心了，我就到九泉之下与父亲见面了。只求您舍弃难以割断的恩情，不要太悲伤。"范母深明大义，对他说："你今天能够与忠义之臣齐名，死有何恨？既已享有美名，又要盼望长寿富贵，岂能双全？我支持你为了理想舍弃生命。"这真是一个荡气回肠的故事！苏轼听完这个故事后，站起身来，问苏母："倘若我做一个范滂这样的人，您同意吗？"苏母很平静地说："若我儿子能做范滂，我难道就不能做范滂的母亲吗？"

试问天底下有几位母亲能做到这样？一位不平凡的母亲，一种不平凡的教育，如此，再看日后苏轼的不平凡或许就不难解释了。正是母亲这样一种毫不掩饰的示范和鼓励作用，让苏轼更加坚定他刚正不阿的个性。

苏轼早期的仕途是比较顺畅的，他凭借自己渊博的知识以及不懈的努力顺利考中科举，随后便入朝为官。他做官期间，正是北宋开始出现政治危机的时候，繁荣的背后隐藏着危机，此时神宗即位，任用王安石主持变法。苏轼的许多师友，包括当初赏识他的恩师欧阳修在内，因在新法的施行上与新任宰相王安石政见不合，被迫离京。朝野风雨凋零，苏轼眼中所见的，已不是他二十岁时所见的"平和世界"。

有一次，苏轼出外办事，在返京途中见到新法对普通老百姓的损害，他认为新法不能便民，不同意宰相王安石的做法，便上书反对。这样做的结果，便是像他那些被迫离京的师友一样，不容于朝廷。于是苏轼自求外放，调任杭州通判。苏轼这种一心为公、不畏强权的精神注定使他官场失意，但也成就了其在文坛上流芳百世。即使这代价是一辈子的漂泊，苏轼也不曾后悔，在临终前，他还坚定地告诉儿子们："吾生无恶，死必不坠！"

什么叫人格教育？什么叫道德教育？什么叫潜移默化？什么叫以身作则？为什么苏轼一辈子疾恶如仇、光明磊落、爱憎分明、百折不回？为什么有那么多人仰慕苏轼的人格魅力？良好的家庭教育，尤其是父母的人格教育对于孩子的成长实在太重要了！父母亲授是苏氏家族的一大教育特色，苏母教子读《范滂传》的故事也成为千古佳话，留给后人无限的感触。父母是孩子的第一任老师，苏母善于发现苏轼身上的闪光点并且积极地鼓励他，使得苏轼从小种下了一颗一生正气的种子。尽管苏轼一生仕途多舛，历经磨难，但他这种刚正不阿、大义凛然的个性和精神给子孙后代树立了良好的典范，值得我们发扬光大。

陆游绝笔励儿勿忘爱国

宋嘉定二年（1209）秋，南宋文学家、史学家、爱国诗人陆游忧愤成疾，入冬后，病情日重，遂卧床不起。十二月二十九日，陆游与世长辞。临终之际，陆游留下绝笔《示儿》作为遗嘱："死去元知万事空，但悲不见九州同。王师北定中原日，家祭无忘告乃翁。"

陆游之所以将北定中原的遗愿寄托于子孙身上，要儿孙把统一祖国的大业铭记在心，是因为他生逢北宋灭亡之际，面对金兵的南下，宋朝山河为金人所占，心急如焚，尤其对朝中以秦桧为代表的投降派恨之入骨。

陆游少年时即深受家庭爱国思

陆游画像

死去元知万事空，
但悲不见九州同。
王师北定中原日，
家祭无忘告乃翁。

陆游临终之际留下绝笔诗《示儿》

想的熏陶，德才兼备。高祖陆轸是大中祥符年间进士，官至吏部郎中；祖父陆佃，师从王安石，精通经学，官至尚书右丞，所著《春秋后传》《尔雅新义》等是陆氏家学的重要典籍；父亲陆宰是一位具有爱国思想和民族气节的官员，通诗文、有节操。陆游少年时期经常见到父亲同友人谈论国家兴衰、民族兴亡的大事，耳濡目染，很早便立下"上马击狂胡，下马草军书"的报国鸿志。面对金兵对大宋的不断侵蚀，陆游始终坚持抗金，但屡遭主和派排斥。宋乾道七年（1171），陆游被召南郑幕府任职，陆游得书甚为欣喜。宣抚使王炎委托陆游草拟驱逐金人、收复中原的战略计划，陆游作《平戎策》，提出"收复中原必须先取长安，取长安必须先取陇右；积蓄粮食、训练士兵，有力量就进攻，没力量就固守"。十月，朝廷否决北伐计划《平戎策》，解散幕府，出师北伐的计划也毁于一旦。大散关的军旅生活，是陆游一生中唯一的一次亲临抗金前线、力图实现爱国之志的军事实践，这段生活虽只有八个月，却给他留下了终生难忘的记忆，陆游感到无比的忧伤。

宋开禧二年（1206），韩侂胄请宁宗下诏，出兵北伐，陆游闻讯，欣喜若狂。宋军准备充分，出师顺利，先后收复泗州、华州等地。但韩侂胄用人失察，吴曦等里通金朝，按兵不动，图谋割据。陆游诗翰多次催促，吴曦不理。不久，西线吴曦叛变，东线丘崈主和，韩侂胄日益陷于孤立。宋开禧三年（1207）十一月，史弥远发动政变，诛杀韩侂胄，遣使携其首级往金国，订下"嘉定和议"，北伐宣告彻底失败。陆游听到这些不幸的消息，悲痛万分。

生活在这样的环境下，陆游的报国之志及收复失地的理想无法实现，使他深刻认识到了官场的黑暗。于是，他在世时非常重视自己子女的教育问题，不仅言传身教，以身作则，更是立下二十六条家训，写了一百多首教育子女的诗词。其中，最有代表性的是《放翁家训》《冬夜读书示子聿》《示儿》等。

《放翁家训》作于乾道四年（1168）。陆游在家训中，结合自己的切身体验，主要对家族子弟进行德行教育。如，他教育子女正确对待物质利益，不要贪得无厌："世之贪夫，溪壑无餍，固不足责。至若常人之情，见他人服玩，不能不动，亦是一病。大抵人情慕其所无，厌其所有。但念此物若我有之，竟亦何用？使人歆羡，于我何补？如是思之，贪求自息。"再如，他要子女加强修养,对人有礼貌:"人士有吾辈行同者,虽位有贵贱,交有厚薄,汝辈见之,当极恭逊。"

此外,陆游所作百余首教子诗词,除了涉及德行教育外,更体现了陆游对子女潜心学问与忠贞爱国的教育要求。如临终前的绝笔诗《示儿》教子爱国;如《冬夜读书示子聿》(其一):"古人学问无遗力,少壮工夫老始成。纸上得来终觉浅,绝知此事要躬行。"要求儿子做学问要不遗余力,身体力行。

陆游对子女德才兼备的要求,隐含性地统一于为国为民的爱国主义行动之中。一天,陆游的小儿子正坐在书房里思考:父亲从十二岁开始写诗,至今八十四岁,老人家三天不写诗,心里就觉得不好过。七十多年来,他写了九千多首诗,他是多么辛勤啊!可是自己一向听从父亲教导,勤奋写作,怎么写不出好诗来呢?想到这里,猛抬头看到了墙上父亲的题诗"万卷古今消永昼,一窗昏晓送流年",仿佛找到了作诗的诀窍,他高兴地一边读着,一边自言自语地说:"自己诗作得不好,还是书读得太少啊!"

正在这时候,陆游拄着拐杖来到了书房。他看见儿子高兴的样子,便问:"子聿,什么事使你这么高兴?"子聿说:"阿爸,我读了墙上你的题诗,对作诗有了新的体会。我觉得诗要作得好就得多读书。"陆游听后摇着头说:"你的想法是片面的。我早年写诗,偏重于炼字炼句,生硬模仿李白、杜甫的作品,虽然文辞华美,但内容缺乏血肉。所以后来我在选定诗稿时,四十二岁以前写的一万八千多首诗,只留了九十四首,其余的都扔掉了。"

"扔掉这么多,太可惜了!"子聿惊讶地说。"不可惜。我到汉中南郑任职后,往来于抗敌前线,听到了老百姓收复失地的呼声，参加了阅兵、饮宴、雪中刺虎的火热斗争生活，我的视野开阔了，写作素材丰富了。我真正学到了李白、杜甫的写作精神。于是我用诗揭露卖国媚敌的罪行，喊出百姓收复中原的呼声，表达驱逐敌人的决心，书写心头的悲愤。这个时期是我此生的高潮，也是我作诗的高潮。没有这种火热的生活，我的诗风是不会转变的。这种生活，是书本上看不到的啊！"

子聿听了，心中豁然开朗，说："阿爸，你说得真好，使我真正懂得了作诗的诀窍。我一定按你说的去做。阿爸，把你的体会写下来吧，我以后要经常学习。"陆游拿起笔，写了一首诗给子聿，最后两句是："汝果欲学诗，功夫在诗外。"

陆游对子女读书的训诫是基于上阵杀敌的爱国实践，对德行的要求也不例外。陆游的次子赴吉州（江西吉安）任职时，陆游在儿子的饯行酒宴上，趁酒酣耳热之际，诗兴大发，吟出四句诗来告诫儿子："头戴四方帽，身背一张弓。问君何处去，深山捉大虫。"子龙才思敏捷，片刻之间便明白了父亲的用意，向父亲鞠了一躬，说："父亲，孩儿一定铭记您老人家的教诲，自立自强，为国家、为民众多多尽力。"

王阳明示弟莫先于立志

王阳明（1472—1529），名守仁，是明代著名思想家、文学家、哲学家，陆王心学之集大成者，精通儒家、道家、佛家。他一生历经坎坷、受尽磨难，却始终崇德尚义、追求真理。王阳明年轻时，为了探求当时盛行的"程朱理学"中的"格物致知"，曾亲自对着庭院里的竹子看了七天七夜，结果一无所获，还因此患了病。他就此放弃了"格物"之说，提出了自己的"致良知"理论，冲破了"程朱理学"的思想束缚。王阳明所创立的"阳明学说"，是明代影响最大的哲学思想。其学术思想传至日本、朝鲜半岛以及东南亚，立德、立言于一身，成就冠绝有明一代。王阳明弟子极众，世称"姚江学派"。其文章博大昌达，行墨间有俊爽之气，著有《王文成公全书》。

先哲思想的光芒，历经百年，今日仍会烛照人心。王阳明在名篇《教条示龙场诸生》中说"志不立，天下无可成之事"，强调立志的重要性。王阳明之所以在学问上取得如此之高的成就，与他在儿时立下的志向密不可分。他在私塾读书时，曾问老师："何为第一事？"这句话意思是，人生的终极价值究竟是什么？

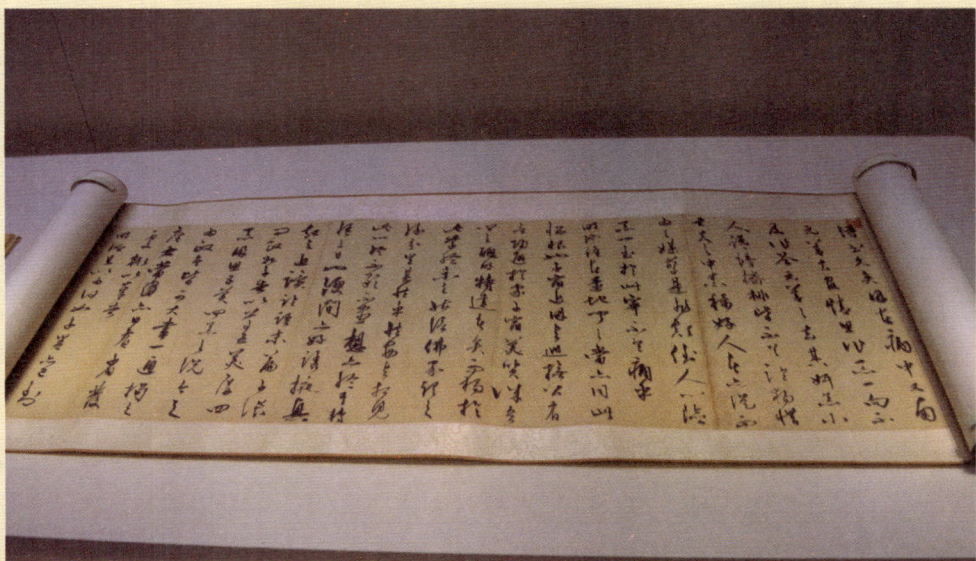

王阳明家书

老师笑答："第一等事当然是好好读书，考取功名。"王阳明竟反驳道："依我看，天下第一等事乃是做圣贤！"这一句话，石破天惊，表明了王阳明立志做圣人的非凡志向。

当时，国家朝政腐败，义军四起。英宗正统年间，英宗被蒙古瓦剌部所俘，朝廷只得赔款求和。这件屈辱的事情在王阳明幼小的心中投下了巨大的阴影。他发誓一定要学好兵法，为国效忠。王阳明十五岁时就屡次上书皇帝，献策平定农民起义，未果。同年，他出游居庸关、山海关一月之久，纵观塞外，那时已经有了经略四方之志。

王阳明在《示弟立志说》中写道：

"夫学，莫先于立志。志之不立，犹不种其根而徒事培壅灌溉，劳苦无成矣。世之所以因循苟且，随俗为非，而卒归于污下者，凡以志之弗立也。

夫志，气之帅也，人之命也，木之根也，水之源也。源不浚则流息，根不植则木枯，命不续则人死，志不立则气昏。是以君子之学，无时无处而不以立志为事。"

《示弟立志说》是阳明劝兄弟守文立志的论说，以上两段是说：求学问，首先在于立志。不去立志，就好像植树，不深埋其根，只是培土灌溉，徒然劳苦，终究无成。世上凡是庸碌无为、随波逐流而最终流于污下的人，都是不立志造成的。志向，就如气的统帅，人的性命，树的根本，水的源头。水源不疏通，那么川流就会停息；根不予培植，那么树木就会枯萎；性命不延续，人就会死；人不立定志向，就会气质昏浊。所以君子做学问，无时无处不以立志作为要务。

王阳明少时读书时，好友徐元桢棋下得很好，引来其他同窗争相对弈。阳明更觉得新奇，兴趣甚浓，便向元桢学习对弈之法，自己也找来棋谱学习以提高技艺。教书先生碍于主家情面，再者学生课业也未受影响，便隐忍未加训诫。因此学生间好弈之风盛行。

王阳明对下棋渐渐入了迷，每日都醉心于研究对弈之法，以致学业渐渐荒废了。开始只是一小部分课业受到影响，发展到后来，连课堂上先生布置的功课也无心复习。这引起了先生的重视，可王阳明屡教不改。一天，先生又见王阳明与徐元桢因为对弈发生了争执。只见王阳明使劲地按住徐元桢的手，嚷道："落子无悔，落子无悔。你一个学兄，好意思悔棋吗？"徐元桢红着脸辩道："你还未下就不算悔。着棋何论年龄大小！"元礼、元吉等在旁起哄，待到回头看见先生来了才肃静无声。先生训斥道："看你这副德性，同学间争得面红耳赤，难道是孔夫子教出来的'仁'吗？"阳明觉得委屈，回应道："仁自在心中。这与博弈之争有何相干？"先生愈发生气了，厉声批评他："一门心思都放在棋上，岂非玩物丧志！"说完一把夺过棋盘，丢向窗外的河水中。王阳明随即"哇哇"大哭起来。

是夜，王阳明辗转难眠。一开始心里对先生充满了怨恨，怪他把棋盘扔掉，继而开始反思，终于渐渐想通。他深感自己这段时间的举动，令他心生浑浊之气，以致冲昏了头脑，荒废了学业。于是，他深夜下床，掌灯写下一首诗，云："象棋终日乐悠悠，苦被严亲一旦丢。兵卒坠河皆不救，将军溺水一齐休。马行千里随波去，象入三川逐浪游。炮响一声天地震，忽然惊起卧龙愁。"

从此，王阳明痛改前非，发奋读书，终成一代名家。

人若没有了志向，就如汪洋大海中一只没有了舵的船，只会随波逐流。王阳明五十七年的生命，固然是短暂的，却也是永恒的。他从十二岁开始立下必为圣人之志，中间虽经百死千难，此志却坚不可摧，圣人的信念支撑起了他全部的生命大厦，他终究能以光明峻伟的人格、表里澄澈的心灵，挺立于天地之间，而得其思想生命的永恒。他集"心学"之大成，创立了独特的心学哲学体系，以"心即理"为根本的理论基础，以"知行合一"为现实的实践方式，以"致良知"于事事物物，使事事物物皆得其正而实现"天下万物一体之仁"为极致，致广大而尽精微，极高明而道中庸，极大地丰富了中国古代的思想智慧。王阳明去世之后，他的学说不胫而走，不仅遍及宇内，而且流播宇外，对日、韩等国都产生了重要影响，王阳明也因此成为具有世界影响的哲学家。毫无疑问，他的思想学说，在今天仍发挥着提携人心向上、涵养高尚人格的重要作用，是社会主义核心价值体系建设值得汲取的思想资源。

《庭训格言》教子怀仁爱心

康熙（1654—1722）一生兢兢业业，修身、齐家、平天下都十分认真，可谓耗尽心血和精力。他对家教问题也非常重视，所实行的办法也相当成功，从他之后即位的雍正、乾隆等有作为的皇帝身上，我们可以看到其家教思想的影响。康熙平时在宫中经常给皇子皇孙以教诲，雍正即位后对康熙的家训加以追述，并整理汇编成《康熙帝家训格言》，简称《庭训格言》，共二百四十六则。这些格言，不仅可以让中国人获得许多有益的教诲，而且在当时就产生过世界性的影响，如法国传教士将其带到凡尔赛宫作为呈献给路易十四的礼物，作家古勒莫将《庭训格言》中的格言恭敬地写在自己著作的扉页上……

二百四十六则家教格言，涉及内容十分广泛，包括为学、为君、处世、生活之道等。

康熙一生自强不息，所以特别反感好逸恶劳者，在庭训中专门强调"以劳为福，以逸为祸"的传统观念。他说："世人皆好逸而恶劳，朕心则谓人恒劳而知逸。若安于逸则不惟不知逸，而遇劳即不能堪矣。故《易》有云：'天行健，君子以自强不息。'

由是观之，圣人以劳为福，以逸为祸矣。"康熙帝为了戒除皇子的贪玩和安逸，要求诸位皇子凌晨三点就到无逸斋学习经史，一直到晚上七点，中间康熙帝还要两次检查皇子课业。康熙对子女要求严格，自己也事事作出表率。他在《庭训格言》中说：近来，刑部呈送的公文中有一个错字，我就用红笔加以改正，并颁发下去。各部、各院的奏折我也都——通览，外边的人以为我未必都能全览，每每多有疏忽。因此，我在批阅所有的奏章中，一旦发现错字，我都加以改正；翻译极差的文章，我也都进行删改。当年，国家有战事时，每天送上来的奏折有三四百本，我都亲自通览，无一遗落。现在，一天送上来的奏折只有四五十本，全部通览有何难处？做任何事情，无论大小，都不能有一点懈怠、拖延的想法。

在"涵养仁爱，戒除躁忿"一则中，康熙说："凡人平日应当涵养此心。昔日我罹患脚疾，转身艰难。脚稍一动，必须要靠两边的近侍搀扶，稍一放手，便疼痛难忍。尽管如此，我想这是自己招来的难，因此与左右两边侍从谈笑自若，并不生一丝一毫的躁性和怨气，更不会苛责他人。一天我去看太子，太子恰好正因生病而向近侍大发脾气。于是我宽慰他说，我们患病有很多人照顾，心里还不满足。想想太监或穷人病了，他们能使唤谁？向谁出气？"康熙认为，"涵养仁爱"甚为重要，"天道好生。人一心行善，则福履自至"。他观察清朝及古时的一些王公大臣，发现军功卓著者嗜杀，多子孙不昌，家道易衰败。康熙因偶见太子生气，便及时提醒他"戒除躁忿"，并特意记在庭训中，以供后世参照。这也说明，仁心基业能使人高瞻远瞩，遗惠后世。

这些出自于《庭训格言》的平凡小事，在康熙伟大的帝业中，

《庭训格言》书影

只是微不足道的点点滴滴，不足以概括康熙作为一代明君圣主的
超凡境界，但足见一代帝王为国为民为子留下的殷殷心血。

历代帝王都强调以孝治国，康熙也特别强调皇子皇孙务必要
恪尽孝道。康熙对孝道的认识也颇为深刻，他认为真正的孝道不
仅是从生活上侍奉老人，更要以自己的德行和孝心对社会尽一份
责任，使父母为之感到欣慰，"斯可谓真孝者矣"。康熙本人即
是孝子，他在太皇太后生病时，侍汤药三十五昼夜，"衣不解带，
目不交睫，竭力尽心，惟恐圣祖母有所欲用而不能备"。康熙还
强调人要有恻隐之心，不能随便取笑别人，特别是残疾者，对残
疾者要有同情心、怜悯心，要尽力帮助他们摆脱生活中的不便和
身体上的苦痛。在生活上，康熙告诫后代要戒酒，更不能嗜酒成
性、饮酒无度，他认为"大抵嗜酒则心志为其所乱而昏昧"，小
则伤身，大则误国。他还认为"赌博之人，身家不计，性命不顾"，
害人害己，莫此为甚。因此，要"严赌博之禁"。

做人做事，务须谦虚谨慎，这也是庭训体现大智慧的一个重
要方面。康熙皇帝说："朕从不敢轻量人,谓其无知。凡人各有识见。
常与诸大臣言,但有所知、所见,即以奏闻,言合乎理,朕即嘉纳。"
康熙作为皇帝都能有这样的觉悟，对于普通人来说，我们就更不
应该看轻别人。每个人都有自己的长处和见识，都有值得我们学
习的地方。又如，庭训"审之又审，方无遗虑"一则中，康熙引
用孔子的话说，"不曰如之何、如之何者，吾末如之何也已矣"。（一
个人不对自己说，怎么办？怎么办？我对这种人，真不知道怎么
办）康熙强调慎之又慎、审之又审，这是我们在处理棘手问题，
或者面对重要选择的时候最应该采取的态度。很多人推崇果断、

康熙画像

决断，殊不知那些做事果断的人不是不谨慎，不是没有审之又审，而是早已经将这些功夫修炼得炉火纯青，所以才能在很短的时间做出正确的决定。果敢、果断与慎之又慎、审之又审的态度是不矛盾的，后者是前者的前提和基础。没有这个基础，所谓的果断、决断，就必然带来不好的结果。

彭总艰苦朴素影响后人

中国人民解放军的创始人之一彭德怀（1898—1974）常说："我这个人没有什么，要说有一点长处的话，那就是不忘本。"

彭德怀牢记自己是农民的儿子，始终保持劳动人民的本色，克勤克俭，艰苦朴素。下面"下不为例"的故事足以说明彭老总艰苦朴素的优良作风。

1956年，彭德怀率军事代表团去苏联访问。访问结束后，彭德怀回到家，无意中发现客厅里的沙发都换成了崭新的皮沙发。他问警卫员："这是怎么回事？"彭德怀夫人浦安修告诉彭德怀，是管理局统一换的。彭德怀的脸不由得拉下来，他让人立刻去把管理局局长找来。警卫员怕彭德怀训人，急忙解释道："这是统一换的，又不是我们一家，你要是坚持把旧的换回来，别人家怎么办？"彭德怀坚决不同意："别人家的事我管不着，但在咱们家，我总还有发言权吧，本来好端端的沙发，又没坐坏，换它干什么？"

管理局局长局促不安地跑来，彭德怀指着沙发问："这沙发为什么要换呀？"局长早有准备："这是从国外进口的真皮沙发，样式大方气派，坐着透气舒适。"彭德怀又问："进口这一套沙发要多少钱呀？"局长犹豫了一下："也就六七百块钱。"彭德怀的火腾地一下蹿上来："你说得好轻松呀，你知道这六七百块钱，是多少农民一年的收入。"局长不说话了。彭德怀命令道："你去把原来的那套沙发给我拉回来，把这套新的给拉走。"局长有些为难："首长，这都是统一配置的，您一贯严于律己，勤俭节约，可既然拉来了，您就先坐着，下不为例行吗？"彭德怀口气毫不松动："你别跟我说什么下不为例，很多事情都是从第一次开了口子，以后就收不住了。"最后，在彭德怀的执意坚持下，管理局局长还是把那套旧沙发换了回来。

彭德怀"下不为例"的故事，深深影响着后人。

大家熟知，彭德怀一生无儿无女，但他怀着一颗慈父的博爱之心，尽可能地为身边的孩子们创造良好的生活条件，给予他们更多的父爱。这是因为，在他身边生活的孩子，都是革命烈士的子女，大都是单亲家庭。这使彭德怀更加爱护他们。

彭钢是革命烈士彭荣华之女，彭德怀的侄女。其父被国民党反动派杀害时，她还不到一岁，为了避免全家被斩尽杀绝，只得隐姓埋名度日；新中国成立后，由组织派人把她接到北京，在伯父彭德怀元帅的身边生活。彭钢也是与彭德怀元帅相处时间最长的、交流最多的亲人。

彭钢自幼聪明伶俐，深得彭德怀喜爱，断断续续地和伯父生活了十五年，从一个不谙世事的小姑娘，成长为一个大学生。因此，她的思想和世界观形成的关键时期，是和彭德怀一起度过的，而且这种影响并没有随着彭德怀的去世而中断。每当回忆起彭德怀元帅，彭钢总是记忆犹新地讲述着伯父艰苦朴素的生活作风和坚持不搞特权的家训。彭钢回忆："有一次，老家的人给他一坛蜂蜜，后来他给人家邮去三十块钱。在一块生活吧，潜移默化地受了这些影响，因为你总是看到这些东西。所以，我当干部部部长的时候，外面送的东西，我统统要他们给食堂拿去，搞得下面那些干事很为难，现在见到我还在说，你那时候要求人可真严。"

这件事说的正是彭德怀 1958 年回乡时，乡亲们送了一瓷坛蜂蜜和两只鸭子给他。本是家乡人民一片情意，蜂蜜和鸭子又是本地土产，可他回京后发觉了，坚持要折价汇款给队上，并给支委们写了一封信："回到北京居地，数星期以后才发现你们送我一瓷坛蜂蜜，这是乌石生产大队全体人民的劳动果实。我对于中国人民和邻友们，无多贡献，吾之心情不安，深感惭愧，拟将原物奉还，又不便投寄，故折价三十元，请予查收，交大队投入副业生产。"

家规篇

礼门义路的《孔氏祖训箴规》

山东曲阜城的阙里街上，坐落着一座坐北朝南的宫殿式府第，这就是名列世界十大思想家之首的孔子的后世嫡长子孙、历代衍圣公的官署和住宅——衍圣公府，习惯上称为"孔府"。这座府第的主人及其族人一直恪守诗礼传家、孝悌忠信之祖训，修身齐家、修己达人、为政以德的事迹不绝于史，以"礼门义路家规矩"著称于世。

所谓"礼门义路"，是说人应该懂得是非、善恶、邪正、美丑，要有礼仪完备的人格，要明白"之所以为人"的道理，就要循理而动！孔子说："谁能出不由户，何莫由斯道也？"孟子则说："夫义，路也；礼，门也。惟君子能由是路，出入是门也。"儒家典籍说得更加明白："礼也者，理也"；又说"义者，宜也"。所以，在许多孔庙和山东邹城孟府的门额上，都有"礼门义路"的字样。

说到"家规矩"就要从两千多年前孔子的"庭训"说起。

大家熟知，孔子的思想对后世影响深远，他则被后世尊为至圣先师、万世师表。《论语·季氏》中载："（子）尝独立，鲤趋而过庭，曰：'学《诗》乎？'对曰：'未也。''不学《诗》，无以言。'

雍正皇帝为孔庙颁题"生民未有"

鲤退而学《诗》。他日,又独立,鲤趋而过庭。曰'学礼乎?'对曰:'未也。''不学礼,无以立!'鲤退而学礼。"不学诗,就不懂得怎么说话;不学礼,就不懂得怎样立身。这就是被传为美谈的孔子"庭训""诗礼垂训",孔子后裔称此为"祖训""诗礼传家"。从春秋以后的两千多年来,孔氏族人一直把"诗""礼"作为家规族训。

当历史跨入明代,孔氏族人早已遍布全国,大宗小宗、族长户头,井然有序。但要想管理好这一庞大族群,实属不易。万历年间,六十四代衍圣公袭封孔尚贤因进京朝见时随带土产贩卖,贪图驿站便利,遭到"考成法"的整治。再者,岳祖父严嵩家族因贪婪带来的恶果也冲击着孔尚贤的心灵。孔尚贤认真反思,并从自身错误教训出发,于万历十一年(1583),制定颁布了具有纲领性质的族规《孔氏祖训箴规》。《孔氏祖训箴规》与"诗""礼"一脉相承,规定了"崇儒重道、好礼尚德"等孔门传统,要求子孙要遵守"父慈子孝、兄友弟恭、雍睦一堂""克己秉公""读书明理""勿嗜利忘义"等十条家规条例。

在"诗""礼"的影响下,孔氏后裔不仅出现过"融四岁能让梨"的感人场面,历代衍圣公还成为各个时代勤政廉洁的典范。五十三代袭衍圣公孔治就有"孝友仁厚,公谨廉明"的美誉。他在儿子孔思诚任曲阜县尹之初,告诫曰:"毋妄怒,轻笞人。邑中长者视之如父兄,幼者抚之如子弟……"五十七代袭衍圣公孔讷"为人严谨,天性仁孝",乐善好施,对无力婚葬的乡邻,时常解囊相助。明崇祯十三年(1640),山东发生灾荒,瘟疫肆虐,六十五代袭衍圣公孔胤植奏请免除粮税,并出钱物救济灾民,先后救活"数千人"。

　　同样，在《孔氏祖训箴规》的教化下，孔氏同门在外为官者也颇多惠政，成为一代良吏。孔子六十七代孙孔毓珣在康熙五十年（1711）到四川龙安任职。"毓珣历守边郡，皆因俗为治，弊去其太甚，边民安之。""五十五年，迁湖广上荆南道。筑堤捍江，民号曰'孔公堤'。""五十七年，授四川布政使。西藏方用兵，

孔庙义路牌坊

毓珣转饷出察木多，不以劳民。重筑灌江口堰，四川民尤德之。"

礼乐传家久，诗书继世长。孔氏家族不仅成为中国传统家族的典型代表，其祖训更成为传统家训文化的"活化石"。中国孔子研究院院长、教授、博士生导师杨朝明总结了其现实意义："孔子的思想影响了孔子后裔和孔氏家族，同样深刻影响了中华民族大家庭中的千千万万个家族。在践行和弘扬社会主义核心价值观和建树民族文化优秀传统的今天，尤其需要谨记圣人教训，不忘祖宗法度。"

习近平主席 2013 年在考察曲阜后强调指出，一个国家、一个民族的强盛，总是以文化兴盛为支撑的，中华民族的伟大复兴需要以中华文化发展繁荣为条件。对历史文化特别是先人传承下来的道德规范，要坚持古为今用、推陈出新，有鉴别地加以对待，有扬弃地予以继承。他还指出，国无德不兴，人无德不立。必须加强全社会的思想道德建设，激发人们形成善良的道德意愿、道德情感，培育正确的道德判断和道德责任，提高道德实践能力尤其是自觉践行能力，引导人们向往和追求讲道德、尊道德、守道德的生活，形成向上的力量、向善的力量。只要中华民族一代接着一代追求美好崇高的道德境界，我们的民族就永远充满希望。

"四训"用常语讲通俗道理

《了凡四训》又名《了凡训子书》，作者是明代袁黄（1533—1606）。这本书是袁黄先生所作的家训，以此教诫他的儿子，认识命运的真相，明辨善恶的标准，改过迁善。

《了凡四训》被誉为"四百年来影响最大的家训宝典"。该书阐述了"命自我立，福自己求"的思想，认为一切祸福休咎皆由人掌握，行善则积福，作恶则招祸；并现身说法，结合儒释道三家思想以自身经历体会阐明此理，鼓励向善立身，慎独立品，自求多福，远避祸殃。这些思想虽然具有鲜明的时代局限性，但总体上是劝诫行善积德的正能量言论，在一定意义上是有益于社会和谐发展的。所谓四训，即立命之学、改过之法、积善之方、谦德之效。

袁黄，初名表，后改名黄，字坤仪，号了凡，祖籍嘉善（今属浙江），迁居吴江（今属江苏）。万历十四年（1586）中进士，在禅学、民生、农业、教育等方面都有深入研究。作为"平民思想家"，袁了凡在当时家喻户晓，名噪一时。在河北宝坻县县长任上，颇有政绩，被誉为"宝坻自金代建县以来最受人称道的好

《了凡四训》石刻

县令"。曾在讨日战争中担任要职，后因朝廷内部斗争，被迫停职。离职返乡后，乐善好施，广行善事。明熹宗天启年间，了凡的冤案终于真相大白，朝廷追叙了凡征讨日寇的功绩，赠封他为尚宝司少卿。离职期间，袁了凡生活俭朴，每天诵经持咒，参禅打坐，修习止观。他写了《立命之学》《改过之法》等四篇，其中《立命之学》是他晚年为训诫儿子所作，在清人编纂的《丹桂籍》中，这四篇文章被称为《袁了凡先生四训》，就是后来广行于世的《了凡四训》这本书。

袁了凡虽然家境一般，但他乐善好施，他的夫人也非常贤惠，经常帮助他行善布施，并且依照功过格记下所做的功德。她没有读过书，不会写字，因此用鹅毛管沾红墨水，每天在历书上做记号。有时袁了凡较忙，当天所做功德较少，她就皱眉头，希望先生能多做些善事。有一次，她为儿子裁制冬天的大袍子，想买棉絮做内里。袁了凡问："家里有丝绵又轻又暖和，为什么还买棉絮呢？"夫人答："丝绵较贵，棉絮便宜，我想将家里的丝绵拿去换棉絮，这样可以多裁几件棉袄，赠送给贫寒的人家过冬！"袁了凡听了非常高兴，说："你如此贤德，能这样虔诚地布施，不怕我们子孙没有福报了！"他们的儿子后来中了进士，在广东省高要县县长任上退休。

乐于助人，广泛布施，其目的是个人长寿或子孙有福。《了凡四训》中的这些故事，就心胸气象而言，似乎不算太高，但正是这种即便不能兼济天下，也要尽力独善其身的观念，在当时的社会具有极大影响。"四训"中的文章，虽然篇幅短小，但是寓理内涵深刻，兼融儒释道三家思想，尽现真善美中华文化，所以数百年来历久不衰，为各界人士欣然传诵，时至今日，仍然是脍炙人口、滋育身心的杰作。其中不少故事，源于现实生活，具有较强的说服力和感染力，例如杨自惩的故事就是"行善之家必有余庆"的例子。

浙江宁波人杨自惩，起初在县衙做书办，心地非常善良，而且守法公平，做事公正。当时的县官，为人严厉方正，有一次打一个囚犯，一直打到血流满面还不息怒；杨自惩跪下替囚犯向县官求情，请县官宽谅。县官说："你求情本来没有什么不能放宽的，但是这个囚犯，不守法律，违背道理，不能教人不生气啊！"杨自惩一边叩头一边说："在朝廷中已经没有是非可言了，政治一片黑暗，贪污、腐败，人心涣散，审问案件若是审出实情，尚且应该替他们伤心，可怜他们不明事理，误蹈法网，不可以因为审出了案情就欢喜。若是存心欢喜，恐怕会把案件误判。若是生气，又恐怕犯人受不住拷打，勉强招认，容易冤枉人。既然欢喜尚且不可，又怎么可以发火呢？"县官听了杨自惩的话，非常感动，面容立即和缓下来，不再发怒了！杨自惩有两个儿子，二人做官一直做到南京吏部右侍郎。大孙子官至刑部侍郎，小孙子官至四川按察使。两个儿子、两个孙子，都是名臣。

《了凡四训》中以"六想""六思"明理修身。如："汝之命，未知若何？即命当荣显，常作落寞想；即时当顺利，常作拂逆想；即眼前足食，常作贫窭想；即人相爱敬，常作恐惧想；即家世望重，常作卑下想；即学问颇优，常作浅陋想。"了凡告诫儿子要"远思扬祖宗之德，近思盖父母之愆；上思报国之恩，下思造家之福；外思济人之急，内思闲己之邪"。

　　袁了凡还说："务要日日知非，日日改过；一日不知非，即一日安于自是；一日无过可改，即一日无步可进；天下聪明俊秀不少，所以德不加修、业不加广者，只为'因循'二字，耽搁一生。"这样一些言论，虽然今人读起来难免觉得太过苛求，但我们无法否认其朴素有力的论述中弥漫着满满的正能量，作为现代人的我们应该借鉴和吸取。

林则徐的家传宝"十无益"

"民族英雄"林则徐的故事大家耳熟能详。"虎门销烟"说的是林则徐主张严禁鸦片，抵御西方列强侵略，坚决维护中国主权和民众利益的故事。

林则徐（1785—1850）是福建省侯官（今福州）人，他是清朝后期著名的政治家、思想家和诗人。曾官至一品，任湖广总督、陕甘总督和云贵总督，两次受命钦差大臣查办鸦片。

林则徐塑像

1839 年 9 月，正值鸦片战争前夕，刚过完五十五岁生日的林则徐针对世风日下的时弊，于巡视澳门后，在前山提笔写下"十无益"格言。"十无益"对"有益"做出界定，认为任何事物功用的实现都是有条件的，一旦逾越界限，"有益"即会转化为"无益"。这既是林则徐自己修为的标准与原则，也是他教育后代的家规训诫。"十无益"格言是：

一、存心不善，风水无益；

二、父母不孝，奉神无益；

三、兄弟不和，交友无益；

四、行止不端，读书无益；

五、作事乖张，聪明无益；

六、心高气傲，博学无益；

七、时运不济，妄求无益；

"十无益"石刻

八、妄取人财，布施无益；

九、不惜元气，医药无益；

十、淫恶肆欲，阴骘无益。

林则徐虽然对西方的文化持开放态度，主张学其优而用之，但林则徐的思想塑造与建功志愿更多源于他的父亲林宾日。林则徐的父亲林宾日是家乡当地的教书先生，自己开设书塾。林则徐的母亲陈帙，为闽县岁贡生陈圣灵之第五女。林宾日、陈帙夫妇一共生育十一名子女，林则徐为次子，自幼受到良好的家教。

林父是一名教员，平时严格要求自己，在言行方面注意给儿子树立榜样。在日常生活中，林宾日很节俭，但亲朋、邻居有困难时，他却总是解囊相助。他经常告诫儿子："不妄与一事，不妄取一钱。"一次，一个土豪用重金想走"后门"，让林父为其保送文童，被严词拒绝。父亲说，花自己劳动挣的钱踏实，花不干不净的钱可耻。父亲的言传身教在林则徐幼小的心灵里转化成终生受用的精神财富。

林则徐家中人口众多，有时甚至三餐都难以为继。林母陈帙瞒住丈夫，偷偷以女红帮补家计，她也将剪纸手艺传于女儿，维持家庭生活。林则徐每天到书塾之前，都会先将母亲姊妹的工艺品拿到店铺寄卖；放学后，则再到店铺收钱交给母亲。每天夜晚，林父让儿子在一盏小油灯下，由他亲自督促辅导学习。父子勤读，母女苦织，清苦家庭的勤劳家风，对林则徐的道德品质培养起了很大的作用。贫苦的童年和严格的家教，使他日后升至高官时都保持勤俭的习惯和察民疾苦的作风。

无论林则徐做官到哪里，在他的房间总是挂着父亲亲笔题写的对联："粗茶淡饭好些茶，这个福老夫享了；齐家治国平天下，此等事儿曹任之。"这副对联，后来成了林家的家训，不仅林则徐的儿孙铭记不忘，而且林家的儿女亲家子弟也视作传家宝，模仿誊写悬挂于中堂之上。

成年后，林则徐对孩子的管教也同样严格。他曾经写过一副对联，上联是"子孙若如我，留钱做什么？贤而多财，则损其志"；下联是"子孙不如我，留钱做什么？愚而多财，则增其过"。由此足见，林则徐希望将从父亲那里承继来的安贫乐道、勤俭有为的家风绵延后代。

林则徐玄孙林崇墉写有《林则徐传》，书中专门提及少时每逢除夕吃年夜饭，总会见到桌子上摆着一盏油灯，总会吃到一盘素炒豆腐。林家长辈总指着那盏油灯，对孩子们说林公幼年时家贫，只点一盏一根灯芯的油灯，只有逢过年才添置两根灯芯的油灯，点缀光明，增加喜庆。到素炒豆腐上桌时，长辈必叙述一个故事：有一年除夕晚上，邻居见隔壁林家非常热闹地在吃年夜饭，便好奇地爬上矮墙探望，见到的却是一家十余口围着一张矮桌子，津津有味地吃着那唯一的一大盘素炒豆腐。这时，孩子们总会受教于百年前林家的安贫乐道、勤俭有为而陷入沉默。

林则徐从政四十年，历官十三省，先后多次担当要职，他常以"苟利国家生死以，岂因祸福避趋之"自勉，其正直清廉为百姓所敬仰，并赢得"林青天"的美誉。而这一切都离不开他对父亲家训的承继发扬，并毫无保留地传承延续下去，濡养了一代又一代的林氏子孙。

开国总理定的十条家规

家风正则民风正，民风正则政风清。

作为中华人民共和国的开国总理，周恩来（1898—1976）不仅是为民务实清廉的楷模，也是家庭建设的榜样。虽然周恩来一生无儿无女，但他和妻子邓颖超抚养了一些烈士的后代，还有许多的侄儿、侄女。周恩来对他们关爱有加，但从来没有为他们搞过特权，甚至对他们的要求更为严格，一些看似平常的待遇也不允许他们享有。

事实上，早在新中国成立之初，因不少故乡亲友要谋求一官半职，周恩来曾专门召集家庭会议，定下"十条家规"：一、晚辈不准丢下工作专程来看望他，只能在出差顺路时看看；二、来者一律住国务院招待所；三、一律到食堂排队买饭菜，有工作的自己买饭菜票，没工作的由总理代付伙食费；四、看戏以家属身份买票入场，不得用招待券；五、不许请客送礼；六、不许动用公家的汽车；七、凡个人生活上能做的事，不要别人代办；八、生活要艰苦朴素；九、在任何场合都不要说出与总理的关系，不要炫耀自己；十、不谋私利，不搞特殊化。

周恩来塑像

为中华之崛起而读书

周恩来

邓在军是周恩来的侄媳，在知道周恩来定下的规矩后，每当在公众场合，她见了周恩来就"躲"。一次在民族文化宫，她刚干完工作准备离开，恰好迎面碰到了周恩来，吓得她立马就往旁边躲开了。事后她一想，周恩来伯伯也看见了自己，而她见了伯伯连个招呼都没打，觉得这样不对。周末她到中南海见到了周恩来，对他说："伯伯对不起，昨天见到您我连招呼都没打，这样挺不礼貌的！"而周恩来却对邓在军说："你做得对，你做得很好。"作为周恩来的亲属，公众场合见面后却不能向他打招呼，这就是周恩来公私分明、严于治家的体现，这是周恩来一生都在坚持的重要原则。

在周家众多家规中，周恩来特别强调的一条是："不能因为我是总理，就自认为有什么特殊，造成不好影响。我们周家过去是个封建大家庭，你们下一代，更要自觉改造思想，严格要求自己。不要学八旗子弟。"

周秉建是周恩来的嫡亲侄女，周恩来对她一直视如己出。1968年，周秉建在内蒙古插队。她在内蒙古的生活极为艰苦，每天要干很重的农活，吃得也不好，而参军却能为她提供一个"出路"，因为在军队里至少能吃得饱、穿得暖，生活可以得到很大的改善。周秉建在1970年冬天申请了参军，并获得了部队批准。得知自己可以参军后，周秉建很高兴地打电话告诉了周恩来和邓颖超。1971年元旦，周秉建身着草绿色新军装，怀着欣喜的心情来到北京看望伯父伯母。然而，当和周恩来见面后，周恩来却对她说："你能不能脱下军装，回到内蒙古草原上去？你不是说内蒙古草原是个广阔天地吗？你参军虽然符合手续，但是内蒙古这么多人里挑上你，还不是看在我们的面子上！我们不能搞这个特殊！"

原来早在周恩来接到周秉建参军的电话后，就派人到部队了解了情况，她是怎样被批准参军的，手续是否正常，部队是不是因为她是周恩来的侄女才特批她参军的。

周秉建回到部队后向部队首长报告了周恩来的要求，但首长并没有让她离开部队，他们以为时间一长周恩来就会把这件事忘掉了。此事被周恩来发现后，他非常生气，严厉地批评了他们。最终，周秉建又回到了内蒙古草原。邓颖超后来写信给她说："你回去就是要住蒙古包，就是要跟老乡跟牧民在一起，做农活，参加生产劳动。"周恩来总理的亲属做出了样子，他身边的工作人员有子女当兵的，也都悄悄地脱去了军装。

周尔辉是周恩来嫡亲八叔周贻奎的孙子。1952年周恩来就把周尔辉接到了北京，并资助他在北京读书。周恩来没有让周尔辉上条件优越、专门培养烈士、高级干部子女的干部子弟学校，而是让他到普通的北京二十六中上学。周尔辉从入学开始就住在学校，当时学校为住校生提供了两种伙食，一种每月七元，伙食较差一些，另一种每月九元，伙食较好。周恩来为了不让周尔辉从小感到特殊化，产生优越感，就让他定了每月七元的伙食。周恩来和邓颖超还一再叮嘱他：无论是和学校领导谈话、填家庭情况表，还是平时和同学交往，都千万不要说出他的伯伯是周恩来。周恩来叮嘱他："你要是说出了和我之间的关系，人家就知道你是周恩来的侄子，就会处处照顾你、迁就你，那样你就会渐渐产生出优越感。这样对你的进步是没有好处的。"

周尔辉从北京钢铁学院毕业时，学校分配他留校工作。组织上也同意把他在家乡淮安工作的爱人调到北京工作，以解决他们夫妻二人两地分居的问题。周恩来知道后，对周尔辉说："现在国家正在精简城市人口，为什么都要女方往男方这里调呢？你是我的侄子，应该带个头，向组织申请到你爱人那儿去工作。"周尔辉听从了周恩来的话，主动向组织上提出了申请，经过组织同意后，他从北京钢铁学院转到淮安成为一名普通的中学教师。

"十条家规"是周恩来严于治家的真实写照，这也是共产党人处理家国关系的崇高境界。周恩来身为一个国家的总理，不让亲属沾上自己的光，即使亲属符合条件应该享受的待遇，也执意不许，从中展现出伟人宽阔的胸怀、崇高的境界和无私的奉献精神。周恩来一生清廉奉公，严于律己，他对亲属严格要求，他把一切奉献给人民的高尚品格为后人树立了光辉的榜样。

董必武家训"朴"字当先

董必武（1886—1975），湖北红安人，从中共一大代表到国家代理主席，其"朴诚勇毅"的一生堪称家风家教的经典范例。1920年，董必武在武汉建立共产主义小组。1921年作为湖北代表参加了中共一大。在党内，他与谢觉哉、林伯渠、徐特立、吴玉章一起被称为"延安五老"。新中国成立后，董必武历任政务院副总理兼政法委员会主任，最高人民法院院长，全国政协副主席，中共中央监察委员会书记，中华人民共和国副主席、代理主席等职，可以说"位高权重"。但董必武一生坚守"朴诚勇毅"之训，并以此四字作为家训家规传之后世，直到今天仍为董家子孙所严格遵守。

据董必武之孙董绍壬介绍，红安董氏以"朴诚"为家训。20世纪20年代，董必武创办私立武汉中学时，在"朴诚"后增加"勇毅"二字作为校训。董必武与何连芝婚后育有三个子女：董良羽、董良翚、董良翮。名字中都带有"羽"字，其寓意为志在高远。

董老身居高位，却不自视特殊。新中国成立后，家乡亲朋有的希望借助其影响力为自己谋得更好的工作和待遇。董必武在回信中说："革命工作是为人民服务，是不讲报酬的，新的社会与旧社会不同，不能只讲个人利益，更不能假公济私。"在另一封家书中，他更加明确地写道："现在想凭借私人力量，以介绍方式去找工作，那是直接违反中央的政策 ……假使参加革命而以解决个人利益为目的，那是绝对错误的。"

对待自己的生活，董必武低调而简朴。"他不许浪费一张纸，一把牙刷、一条毛巾都非用到不能再用的时候才更换。"这是子女们在回忆录中所描绘的父亲形象。一张张家书手迹照片也印证了这一点：信纸上的字虽工整，但并不都是在框格之内——空白处也被利用起来，往往一张信笺书写得满满当当。

董必武在世人眼中是无产阶级革命家，一生从不计较个人得失，高风亮节。亲人眼中的他，身居高位，却从不搞特殊，严格要求自己和亲属。他的子女回忆，"要我们做自食其力的老实人"；"为人处世要吃得亏"；要学会"跑龙套"；"做人要有规矩"。在给家乡子侄辈的信中，董必武写道："别人在星期六下午、星期日一般不办公，夜晚只有我们党内少数人办公，夜晚办公的，白天往往不办公。我呢，早晨总是七点多钟起床，晚上总是两点多钟才睡觉，无所谓星期六下午，无所谓星期日……革命工作是为人民服务，是不讲报酬的。"

董必武给女儿董良翚的信中有这样一段内容："你为着补考期课的事，一句话也不交代就走了，到北京写信也不提这桩事，这是什么态度呢？对父母可以这样吗？对朋友可以这样吗？我当时讲那两句话是就你做出的那件事说的，并不是说你从来就没有把我当父亲待、当朋友待的意思……"原来董良翚上中学时，有一年放假向父母隐瞒了要补考的事情，并跟随他们去了外地，临近补考才偷偷溜回北京，董必武知悉真相后在信中对她谆谆告诫：他不仅是女儿的父亲，更是朋友，对朋友要以诚相待；他因女儿没有像对待朋友一样对待他而生气。董必武要求子女在暑假里抄写列宁的《青年团的任务》一文，他自己也用毛笔小楷抄写了一遍。在对待家人的思想教育方面，董必武以身作则，教导子女做人、做事以及学习，都是"朴诚"家训的真实写照。

董必武去世后，被安葬在红安老家。红安人民希望给敬爱的董老修一个体面些的墓园。设计图上，这个墓园规模较大，地面全部铺上了大理石，入口是仿古牌坊一样的大门，园区分为三层，最上层中间是一个气派的主墓……但是，大理石、白石栏杆、牌坊、围墙，这些能增添气势的部分，都被董良羽去掉了。施工方很苦恼，觉得太不划算了。当地百姓也觉得不理解：河流改道，从坟墓中穿过，应该修座宝塔，修复一下风水。董良羽却说，风水不足信，省钱最重要。

在董良羽看来，"朴诚勇毅"，"朴"字当先。在董家后代人的一次团圆会上，董必武的儿女们回忆起父母在世时的点点滴滴，董良羽感慨万千：董必武每天早晨起床后，泡上一杯普通的西湖龙井，一天之内只能续水；到了下午，茶水已经寡淡无味，董必武实在喝不下了，向夫人申请，能不能另放茶叶再泡一杯，被一口驳回……

"我父亲还有两个习惯，他爱用牙签，但是用过以后总舍不得丢，总要拿来蒸一蒸之后再用，直到用烂为止。牙刷也是一样，用到毛都卷了也不换，断了以后放在火上烤一烤，粘上继续用。"

朴诚勇毅

父母很节俭，对孩子也一样。刚到北京的董良羽和母亲去菜市场，看见一分钱一只的小白鹅十分可爱，很想养一只，但不管怎么恳求，母亲都没有松口，她认为这不必要。绝不可浪费一分钱，浪费一分钱也是浪费，浪费就是犯罪。这也是"朴"字当先之家规的应有之义。

黄炎培平生坚守的"三十二字家训"

　　我国近代职业教育的创始人和理论家黄炎培（1878—1965）出身书香门第，父亲黄叔才是清末秀才，母亲孟樾清是一个知书达理的大家闺秀，二人文化修养甚高。这也使得黄炎培从小就受到良好的教育。

　　1927年，黄炎培举家迁居大连。当时黄家被视为"学阀"，遭国民政府排挤。因此，黄氏宗族一部分成员意志消沉，无所事事，有的整天沉溺于赌博中。黄炎培便向长辈提议，组织成立了"家庭日新会"，每周组织一次聚会，采取学习文化知识、表演节目、演讲、摄影等方式，让大家做一些有意义的事情，改掉不良习惯。黄炎培还把"事闲勿荒"的座右铭抄赠给大家，告诫大家，事少的时候，最易养成懒惰的恶习，要鞭策自己，切莫荒废了学习。

　　1936年，黄炎培四子黄大能即将赴英留学。临行之际，黄炎培将平生坚守的座右铭稍作增改，并手书留赠。这就是黄炎培的"三十二字家训"：事闲勿荒，事繁勿慌；有言必信，无欲则刚；和若春风，肃若秋霜；取象于钱，外圆内方。

　　前面四句是对儿子日常的要求。事闲的时候，最易养成慵懒

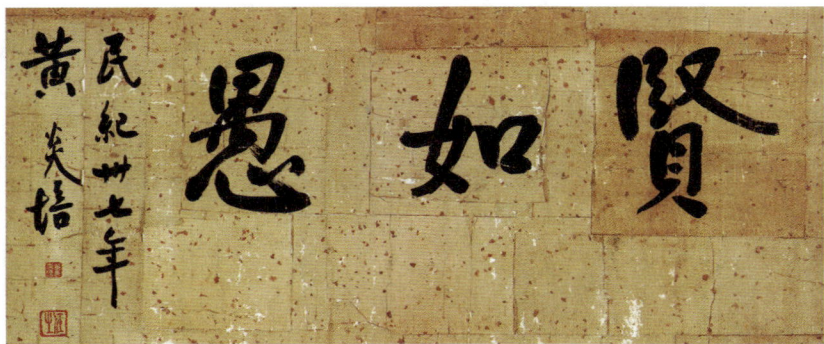

黄炎培书"贤如愚"

的恶习，要警策自己，抓住时间，勤奋用功，切莫荒疏了学习；事忙繁杂的时候，易生焦急的情绪，一急躁就会因冲动而做出缺少理性的事来，一定要冷静沉着，切忌慌忙。说话算数别人就会相信，没有私欲就会变得刚正，理直气壮。

后面四句，意味深长。他要求儿子对待同志和蔼可亲，像春风一样暖人；对坏人坏事像秋霜一样凌厉。在原则是非上，应该爱憎分明，不能模棱两可。结句用古钱外圆内方作比，要求儿子外表随和，内里严正，养成谦虚谨慎的作风，不要锋芒毕露，盛气凌人。

言简意赅的"三十二字家训"对后人产生了深刻的影响。这篇写给儿子的家训本就是他用以自勉的座右铭，他经常将这些话誊抄赠与家人，久而久之，黄家人便以此为家训，代代相传。

众所周知，黄炎培是中国近现代著名的爱国主义者，这也与他受的教育有关。爱国是黄氏家族文化中的重要一环，黄炎培的父亲黄叔才之所以为其取名"炎培"，就是希望他永不忘记自己是炎黄子孙，而他也将爱国情怀传递给下一代。黄炎培生活的时代，洋货在我国大肆倾销，对民族工业造成摧残。因此，他坚持购买国货。他曾在中华职业学校设置珐琅科，附设珐琅工场，提出"劳工神圣，双手万能"的口号，以致被少数人讥讽为"珐琅博士"。他还以身作则，对子女进行爱国主义教育。有一次，他生病住院，女儿给他买了一件棉毛衫，他看了一眼后大发雷霆，责问女儿为何不买国货，直到女儿翻出商标确认是国货，他才息怒。

由于黄炎培重视家庭教育，黄家后代也是人才辈出。其子黄方刚，哈佛大学哲学博士；黄万里，著名水利工程学专家、清华大学教授；黄大能，著名水泥技术专家，领导制定了我国第一部水泥国家标准；黄方毅，全国政协委员、北京大学教授、著名经济学者。

子女的成功，与黄炎培严格的家庭教育是分不开的。黄大能在九十二岁高龄的时候回忆父亲的家训依然感慨万千："我的大半生都是在这个座右铭的监督下度过的。"

好的家风家训就是一个家族的传世之瑰宝，比金银财宝、房产田地都要珍贵千万倍，是留给子孙最丰厚的精神财富。

毛泽东与黄炎培交流浮雕

贺龙家风：老实做人做事

　　贺龙（1896—1969）是中华人民共和国的开国十大元帅之一，他出生于湖南桑植县一个贫穷农民之家，自幼喜欢练武，养成了他不怕困苦的性格。贺龙年仅十四岁便开始"赶马贩货"，他在马帮中从少年步入青年，走南闯北的生涯不仅磨炼了他的意志，而且更让他了解到天下的穷人走到哪里都伴随着贫穷和受人欺压的现实。在艰苦的磨炼中，贺龙是非曲直观念更加明确，追求正义之心更加强烈，产生了救国救民的意识。辛亥革命影响了贺龙，使他产生出追求真理的思想。1916 年蔡锷组织反袁护国军，贺龙接受革命党的指示，在石门县等地组织武装。二十岁的贺龙在家乡组织了二十多名农民，拉起了队伍，他听说芭茅溪盐局税警坑害百姓，罪大恶极，就借来两把菜刀带着组织起来的二十几个农民深夜闯入盐局，砍死税警队长，把盐统统分给穷人，用缴获来的枪支武装起了队伍，贺龙"两把菜刀闹革命"的故事由此传扬开来。

　　贺龙不仅在解放人民的斗争中铁骨铮铮，在治家方面也堪称楷模。新中国成立后，贺龙给子女立了不少规矩，其中最重要的一条就是要求子女和普通老百姓一样，老老实实做人，认认真真做事。他曾对儿女们说："依靠自身努力，做有用之人，行大义之事才是根本。不要求你们成名成家，也不要想去做什么大官，但必须有一技之长，这样，于己于国家都有利。"

贺龙之子贺鹏飞出生时，贺龙已经五十岁了。老来得子，对于常人来说大都是对其呵护有加，娇生惯养，但贺龙从不娇惯儿子。贺鹏飞上初中时，一次在踢球过程中出了意外，导致腿部骨折。俗话说，伤筋动骨一百天，可一个星期后贺龙就让腿上打着石膏的儿子回学校上课。贺龙自然是不会允许儿子坐自己专车的，他只在街上包了一辆人力三轮车，每天来接送儿子贺鹏飞上下学。贺鹏飞也很懂事，身为元帅的儿子，他挂着拐杖坐在三轮车上，没有一丝的不自在。他了解父亲，从未向父亲提出过坐小轿车的意愿。

当时，贺龙的老战友看到后，觉得贺龙不体贴儿子，有点不近人情。贺龙却说："儿子本来就是普通一员，再说，正好借机让他受到磨炼，将来也好独当一面，把未来的路走得更好。"老战友听后，对贺龙教育子女的严厉做法赞佩有加。

贺龙给家里定了一条规矩，不允许子女以他的名义向学校、组织要求特殊的照顾和待遇。这也是贺龙最不喜欢的事情。贺鹏飞高考时，非常想去清华大学读书。他勤苦读书，可惜在第一次报考的时候失利了。贺鹏飞虽然知道父亲从不为子女搞特殊，但还是希望他能出面帮忙，向学校打个招呼，把自己招录进去。贺龙听后，非常生气，他告诫儿子："要想实现人生理想，唯一的办法就是努力，再没有第二个途径！"贺鹏飞听了父亲的话，心里非常惭愧，明白了父亲的心意，便再一次埋头苦读。终于在复读一年后，如愿考入清华大学。

三代学吃，五代学穿。对于许多中国家庭而言，饭桌一直是教育孩子的重要课堂。贺龙教育子女，日常的基本礼仪和艰苦奋斗的传统永远不能丢。吃饭时，嘴巴不能发出声响，饭没咽下去之前不准说话。孩子们如果不慎掉下饭粒，他就会捡起来吃掉，并教育他们说："一粒粮食一滴汗，要懂得去珍惜。"吃完饭以后，自己把用过的碗和筷子送到厨房洗干净，再放到旁边，这是家规。贺龙子女的穿着也十分朴素，儿子贺鹏飞少年时穿的衣服，几乎都是父亲的旧军装改成的。

有一年在重庆，恰逢贺龙父亲的忌日，他把子女们召集起来，让他们逐一对着摆放在窗台上的贺龙父亲照片磕头跪拜。他说："这不是封建迷信，而是对长辈的追思和悼念，尽管离去的老人不可能知道在祭奠他，但后人却不能失去感恩之心。父母给了我们生命，我们才会有今天。"贺龙元帅倡导的孝道，被儿女们很好地继承下来。到了贺鹏飞这一辈，便形成了一种习惯，兄妹中每天必须有一个人在家陪着老母亲吃饭。

贺龙女儿贺晓明年少时，身板总不能挺直，看上去像驼背一样。贺龙提醒她多次，让她挺直身板，女儿听完便会按照父亲要求的做，但父亲不在旁边时便又不自觉地变回了原样。见提醒无果，贺龙就训导女儿说："做人，坐得有个坐相，站得有个站相，这不只是雅不雅观，而是个精气神的问题。小小年纪就弯腰驼背的，那怎么行？"他责令女儿每天必须靠墙站立一个小时进行自我矫正。就这样，贺晓明每天早上醒来后第一件事就是来到墙边，挺直身板靠墙站立一个小时。如今，年已古稀的贺晓明，身板依然挺拔，这无疑是父亲贺龙训导的结果。

贺晓明曾说过："父母的生活态度、言谈举止，让人记忆犹新。"身为父亲，贺龙虽然严厉，但又无时不表现出厚重的父爱，给后辈们带来了欢乐和美好的回忆。对儿女的爱，贺龙往往用大笑来表达，而且时常边笑边竖起大拇指，以示赞扬。孩子们考了好成绩，他笑；孩子们射击水平得到提高，他笑；在运动会上拿到名次，他也会笑……贺龙还尽可能抽时间陪伴孩子，领着一家人去观看《天鹅湖》，孩子们看不懂，他会事先详细介绍剧情。身为贺龙的子女，他们从父亲身上学到了许多不搞特权、谦逊恭让、孝顺感恩、诚信做人等优良品质和基本礼仪，让他们受益一生，也为后代树立了良好的榜样。

丰子恺约法显平等之爱

　　我国现代有个名士，在他五十岁的时候，与他七个子女立下"约法"。内容如下：

　　年逾五十，齿落发白，家无恒产，人无恒寿，自今日起，与诸儿约法如下：

　　（一）父母供给子女，至大学毕业为止。放弃者作为受得论。大学毕业后，子女各自独立生活，并无供养父母之义务，父母亦无供给子女义务。

　　（二）大学毕业后倘能考取官费留学或近于官费之自费留学，父母仍供给其不足之费用，至返日为止。

　　（三）子女婚嫁，一切自主自理，父母无代谋之义务。

　　（四）子女独立之后，生活有余而供养父母，或父母生活有余而供给子女，皆属友谊性质，绝非义务。

　　（五）子女独立之后，以与父母分居为原则。双方同意而同居者，皆属邻谊性质，绝非义务。

　　（六）父母双亡后，倘有遗产，除父母遗嘱指定者外，由子女平分受得。

这个"约法"之人，就是我国现代著名画家、文学家、美术和音乐教育家丰子恺（1898—1975）。

丰子恺早年曾跟从李叔同学习绘画、音乐，深受其佛学思想影响。"五四"后，开始进行漫画创作，被国际友人誉为"现代中国最像艺术家的艺术家"。《文汇读书周报》曾评价他说："如果要想在现代找寻陶渊明、王维那样的人物，那么，就该是丰子恺了吧。"艺术家丰子恺的率真与气节，对万物丰富的爱，在作品中体现得淋漓尽致。丰子恺的漫画别具风格，内涵深刻，耐人寻味。寥寥几笔，就能勾勒出生动的形象。他的漫画取材多是人世间的心酸苦事，为劳苦大众抱不平，因而深受人们的喜爱。

丰子恺自幼就在父亲那里读到过一篇《崔子玉座右铭》："毋道人之短，毋说己之长。施人慎勿念，受施慎勿忘。世誉不足慕，唯仁为纪纲。隐心而后动，谤议庸何伤？毋使名过实，守愚圣所臧。在涅贵不缁，暧暧内含光。柔弱生之徒，老氏诫刚强。行行鄙夫志，悠悠故难量。慎言节饮食，知足胜不祥。行之苟有恒，久久自芬芳。"丰子恺十分喜爱这篇座右铭，很快就背诵下来。他后来手抄了好多份，分给子女们诵读学习。

丰子恺在教育子女方面，与众不同。他没有长篇大论，却于细节处给予子女最温馨的教育。在陪伴子女成长的过程中，他经常感叹孩子的世界纯真美好，折服于孩子的惊人创作力与全情投入，关心子女却努力不充当评判者。在他看来，天地间最健全的心眼，只是孩子们的所有物，世间事物的真相，只有孩子们能最明确、最完全地见到。丰子恺爱子女是众所周知的，他在许多漫画作品中就直接以他的子女作为描绘的对象，如《瞻瞻的车》画

丰子恺为《侨务月报》创作的爱国宣传画

丰子恺为《小朋友》所作的封面

的是他的长子,《阿宝赤膊》描绘的是他的长女,如此等等,不一而足。丰子恺心中十分明白,真正爱孩子就是要让他们受教育。他对子女的读书学习极为重视。

丰子恺于 1932 年在故乡石门县(今属桐乡)母亲留下的一处平房基地上,亲自设计建造了一栋中国式楼房,丰子恺对其十分喜爱,取名为"缘缘堂"。他曾深情地对"缘缘堂"说:"因为你处在石门湾这个古风的小市镇中,所以我不给你穿洋装,而给你穿最合适的中国装,使你与环境调和。因为你不穿洋装,所以我不给你配置摩登家具,而亲绘图样,请木工特制最合适的中国式家具,使你内外完全调和。"然而,为了两个女儿的学业,他不惜离开"缘缘堂",另到杭州买了一处住所,为的是能让女儿就近在省城上学。

丰子恺身为名士,经常会收到各地读者的来信。女儿丰一吟很喜欢看这些信件,她每次拆信封时,都习惯性地把拆下来的小纸条随手扔在地上,之后便不再理会。丰子恺看到后,并不对女儿说什么,而是每次都会弯下腰去把那些碎纸条捡起来扔到纸篓里。如此数次后,女儿明白了父亲的心思,父亲用实际行动教育自己不要乱扔垃圾,之后丰一吟便改掉了这个不好的习惯。

丰子恺家中每日都会有客人登门拜访,当有客人留下吃饭时,丰子恺会锻炼女儿为客人盛饭。有一次,女儿盛好饭后,单用一只手拿着碗送到了客人面前,客人知道孩子年幼,并未生气,可丰子恺很不满意,待客人走后,他把女儿叫到面前,耐心地教育她:"以后给客人送茶端饭时,一定要用双手奉上,不可用一只手,像随便扔给别人似的,如果另一只手一时伸不过来,只能用一只手，至少也要对客人声明一下，对不起，我用一只手。"女儿听后，羞愧地点点头。此后，女儿时刻注意自己的言行举止，再没做出过不懂礼节的事情。

丰子恺对子女关爱有加，他的子女也十分争气，皆学有所成。丰子恺爱孩子，然而，他对子女的爱却不是毫无法度的纵容之爱，也不是毫无原则的溺爱。他希望子女能过一种独立、随心的生活。1947年，他与子女的"约法"就是具体体现。

在过去重男轻女的年代，丰子恺给七个子女以平等的爱和同等的教育机会，让已经长大成人的子女过自己的生活，鼓励已经"独立"的子女与父母"分居"。子女独立了，父子父女间也就不再有什么"义务"，只有"友谊"和"邻谊"，这就超越了旧中国"养儿防老"和"长宜子孙"的观念，既不向儿女索取回报，也不为儿女安排所谓的舒适生活，让儿女们走自己该走的路，过自己该过的生活。在那个年代，能够如此注重平等，难能可贵。丰子恺的子女也都秉承了父亲的教诲，他们各自在自己的事业上取得了不错的成就，同时又将父亲的这种优良品格传承给了自己的下一代。丰氏家族能长盛不衰，与丰氏良好的家风是密不可分的。

教子篇

刘备遗诏后主去恶从善

汉景帝子中山靖王刘胜之后刘备（161—223），早年丧父，与母亲贩履织席为业，喜好结交豪侠。东汉末，参与镇压黄巾起义的战争。因被曹操所迫，兵多溃散，暂投刘表，屯兵新野。后得诸葛亮辅佐，联合孙权，大败曹操于赤壁。因取荆州，并得益州和汉中，与魏、吴形成鼎足之势。曹丕废汉献帝之后，刘备也在成都称帝，国号汉，史称蜀汉。

《三国志》作者陈寿对刘备的评价是："弘毅宽厚，知人待士，盖有高祖之风，英雄之器焉。及其举国托孤于诸葛亮，而心神无二，诚君臣之至公，古今之盛轨也。"也正是因为"弘毅宽厚，知人待士"，刘备虽早年屡战屡败，兵马不过数千，人品声誉却一直为天下之望，孔明弃刘表而跟从他这个一县之主，万人敌的五虎将对其不离不弃。陶谦、刘表都愿意舍弃己子而将一方基业拱手相让。

蜀汉章武三年（223）四月，刘备病情恶化，把江山托付给了丞相诸葛亮，并向众人安排了后事。《遗诏敕后主》便是刘备死前告诫其子刘禅的遗诏，其言辞恳切，令人莫不动容："朕初疾但下痢耳，后转杂他病，殆不自济。人五十不称夭，年已六十有余，何所复恨，不复自伤，但以卿兄弟为念。射君到，说丞相叹卿智量甚大，增修过于所望。审能如此，吾复何忧！勉之，勉之！勿以恶小而为之，勿以善小而不为。惟贤惟德，能服于人。汝父德薄，勿效之。可读《汉书》《礼记》，闲暇历观诸子及《六韬》《商君书》，益人意智。闻丞相为写《申》《韩》《管子》《六韬》一通已毕，未送，道亡，可自更求闻达。"

　　人之将死，其言也善，刘备临终前所说的话至诚恳切。而这临终的谆谆诲勉，表达了他对儿子的爱护与期盼。刘备留给刘禅的遗言，并不是教导儿子如何承继遗志争夺天下，也不是教他如何施展权柄驾驭百官，而是告诫他"勿以恶小而为之，勿以善小而不为，惟贤惟德，能服于人"。这样的临终遗言，更体现出了刘备对自己、对子女在道德上的要求。

刘备托孤

《八高僧故事图》之白居易拱谒·鸟窠指说（局部）

    无独有偶，著名诗人白居易也领会过"勿以恶小而为之，勿以善小而不为"这个道理。

    唐元和年间，有一天，白居易到秦望山去拜见鸟窠道林禅师，见面后白居易问道："禅师，你住在树上也太危险了吧！"禅师回答道："太守住的地方才危险呢！"白居易听了不明白，问道："弟子身为杭郡太守，有什么危险呢？"禅师道："薪火相交，纵性不停，你身处官场，心不自知，思想随着你的欲望越来越多，要求越来越高。这难道不危险吗？"白居易听了又问道："如何算是佛法大意？"禅师回答道："诸恶莫作，众善奉行。"白居易笑着说："这种道理，连三岁的小孩子也会说。"禅师说道："虽然是三岁的孩子能说出的道理，但是八十岁的老人却不一定做到啊！"白居易闻听此语，心里特别佩服，于是对子女的教育中也坚持以仁德为重。

无论是面对祖先的遗训，抑或是遵循佛家的点拨，我们教育子女都应以德育为根基，因为唯有贤德之人，才能服人。小与大是相对的，但善与恶却是绝对的，再小的善也是善，再小的恶也是恶。善是一种循环，恶也是一种循环，何不让善在循环中往复发扬，让恶在循环中逐渐消失？因此，刘备力劝刘禅要去恶从善，哪怕微不足道的行善之举，都不要轻视或忽略而不去施行；哪怕无伤大雅的细小恶行，都不应放松要求而去做。

对仁德的严格要求，也是刘备爱子的表现，因为"积善之家，必有余庆；积不善之家，必有余殃"。只有谨小慎微，才不至于酿成大祸。更何况，积小善能成大善，德行操守也将在行善中提升。以此足见刘备教子眼光深远、有智慧。真正爱子，并非为其遗留什么金银财富或地位权势，而是真切嘱咐孩子，力行善事，去掉恶行，提升道德。刘备没有跟刘禅说什么打天下、建功立业，只耐心劝导他从善，多读书，向有志之士学习，还列出了书籍的科目，用心可谓无微不至。短短的几行遗言，却饱含了父亲深沉的爱子之心，令我们读来也深受感动。刘备贵为君主，教子尚且重善重学，我们教子，又怎能令孩子趋于名利权势，不将道德摆在首位呢？

"黄金家规" 教子涤亲溺器

　　2014 年 10 月 15 日，国家主席习近平在北京主持召开文艺工作座谈会并发表重要讲话。习主席在讲话中提到了很多历史文化名人，其中就有北宋文豪黄庭坚。

　　现在让我们认识一下这位大文豪：黄庭坚（1045—1105），字鲁直，是北宋著名文学家、书法家，为盛极一时的江西诗派开山之祖，与杜甫、陈师道和陈与义素有"一祖三宗"（黄庭坚为其中一宗）之称。与张耒、晁补之、秦观游学于苏轼门下，合称为"苏门四学士"。黄庭坚生前与苏轼齐名，世称"苏黄"。苏轼曾称赞他："瑰伟之文，妙绝当世；孝友之行，追配古人。"黄庭坚著有《豫章黄先生文集》《山谷词》等，他的书法亦能独树一格，与苏轼、米芾和蔡襄并称"宋四家"。

　　这是学界对黄庭坚的认识。然而在民间，最广为流传的是黄庭坚"涤亲溺器"的故事。

　　"涤亲溺器"是"二十四孝"最后一则故事，讲述黄庭坚的孝行。此故事说，黄庭坚曾为太史，其情性至孝，虽然身为高官，尊贵显赫，但还是侍奉母亲竭尽诚孝。每天下朝后，黄庭坚都先探望母亲，亲自侍茶奉水。最难得的是每天他都要亲自为母亲刷洗便盆，从不假手他人，春夏秋冬从未间断过。身为高官、名人，黄庭坚能亲自为母亲刷洗便盆，不嫌脏臭，这是很不容易的。透过这一事例，可以看出黄庭坚的至诚孝心。他之所以这样做，无非是表达一种敬爱之情。由此推断，他在其他行孝方面，也会事必躬亲。身体发肤，受之父母。爱父母，尽孝道乃是天理。黄庭坚至诚孝心，是与从小受到的家教分不开的。自黄庭坚曾祖父黄中理开始，黄氏家族就制定了二十条严肃的家规，对行孝、为友、从业、求学等方方面面进行了详细规定，强调对待祖宗，犹如水木之源，不可忘也；对待父母，犹如天地之大，务宜孝也；对待兄弟，犹如连枝之人，须互助也；对待邻里，犹如唇齿之依，必相敬也。强调读书乃诚身之本，显扬宗祖之要务，后生学子务必典籍精通、文章通晓等。《黄氏家规》不仅被本族奉为祖训，

黄庭坚塑像

也被当地百姓奉为楷模，世称"黄金家规"。

黄庭坚自幼聪颖，好学上进，五岁时即能背诵儒家"五经"，七岁时便能写出"骑牛远远过前村，吹笛风斜隔垅闻"的诗句。黄庭坚深受《黄氏家规》中"人有祖宗，犹水木之有本源，不可忘也。父母罔极之恩，同于天地。凡我子姓亲存者，务宜随分敬养"的教诲。黄庭坚的父亲去世后，黄庭坚跟随舅父李公择读书。他在十四岁时，随舅父到淮南一带游学。在外游学期间，黄庭坚日夜思念远在家乡的母亲，在诗词《初望淮山》中写道："风裘雪帽别家林，紫燕黄鹂已夏深。三釜古人干禄意，一年慈母望归心。"这首诗展现出黄庭坚自小就拥有的仁爱与孝心。

黄庭坚在晚年也留下一篇《家戒》，总结了家族兴衰的一些原因。他告诫子孙要互相谦让、互相照顾，和睦相处，齐心协力维护好家族的传承与发展。《家戒》曰：

庭坚自总角读书，及有知识，迄今四十年时态，历观谛见润屋封君巨姓、豪右衣冠世族，金珠满堂。不数年间，复过之，特见废田不耕，空囷不给。又数年，复见之，有缧绁于公庭者，有荷担而倦于行路者。问之曰："君家曩时蕃衍盛大，何贫贱如是之速耶？"有应于予曰："嗟呼！吾高祖起自忧勤，噍类数口，叔兄慈惠，弟侄恭顺。为人子者告其母曰：'无以小财为争，无以小事为仇。'使我兄叔之和也。为人夫者告其妻曰：'无以猜忌为心，无以有无为怀。'使我弟侄之和也。于是共爨而食，共堂而燕，共库而泉，共廪而粟。寒而衣，其布同也；出而游，其车同也。下奉以义，上谦以仁，众母如一母，众儿如一儿；无尔我之辩，无多寡之嫌，无私贪之欲，无横费之财。仓箱共目而敛之，

古书中关于黄庭坚"涤亲溺器"的记载

金帛共力而收之。故官私皆治，富贵两崇。逮其子孙蕃息，妯娌
众多，内言多忌，人我意殊，礼义消衰，诗书罕闻，人面狼心，
星分瓜剖，处私室则包羞自食，遇识者则强曰同宗，父无争子而
陷于不义，夫无贤妇而陷于不仁，所志者小而所失者大……"庭
坚闻而泣之曰："家之不齐，遂至如是之甚，可志此以为吾族之鉴。
因为常语以劝焉。吾子其听否？"

　　敬养父母，乃人之根本。黄庭坚"涤亲溺器"的孝行爱心，
感人至深，因而被载入中国古代"二十四孝"，成为中华儿女的
典范被世代传颂，为中华民族传统美德的画轴增添了温润莹彩的
一卷。

"四戒四宜" 教子守正规直

在北京城南虎坊桥附近，即今天的珠市口西大街，矗立着纪晓岚故居。在纪晓岚故居里，阅微草堂是他最常用的书房。他曾自题诗云："读书如游山，触目皆可悦。千岩与万壑，焉得穷曲折。烟霞涤荡久，亦觉心胸阔。所以闭柴荆，微言终日阅。""阅微"出自最后一句，意思是阅读精深微妙的言辞。人们后来习惯以阅微草堂代指纪晓岚的府邸。

纪晓岚（1724—1805），名昀，字晓岚。为官历经清乾隆、嘉庆两朝，官至一品，曾任礼部尚书、协办大学士、左都御史。纪晓岚一生最大的业绩就是总纂《四库全书》，乾隆三十八年任《四库全书》总纂官，"始终其事，十有余年"。这一旷世工程卷帙浩繁，凡三千五百零三种，七万九千三百三十七卷，分经、史、子、集四部，广泛而系统地评介了我国清代中叶以前的大量古籍，是十分严密、完整的学术和文学评论专著。他创作的《阅微草堂笔记》《纪文达公遗集》，也为后世所推崇。

纪晓岚在《四库全书》总纂官的位置上力求严谨，恪尽职守；在教育子女方面，他深谙"爱之不以其道，反足以害之焉"的道理，因此在其使用和收藏的器物上，凡是可以刻字的地方，都镌刻上一些有哲理的句子，既是警诫自己，又是教育后人，以此给纪氏后人留下了一份宝贵的精神财富——纪氏家训。

自古以来，家训多首重修身，以此为后人塑造良好的道德操守，纪氏家训也不例外。纪氏家训中包含了修身、勤学、清廉、劝善等多个方面，借以教导后人乐守清贫、书香传家。一代文豪纪晓岚，对子女的要求充满了文人气息，他留下的这些雕刻在器物上的家训中，一再督促后人要做一个正经清白的人，做一个勤学上进的人。纪晓岚生前曾经在一把自己经常使用的木尺上刻了四个字"守正规直"——尺在心中，量人也量己；尺在身内，量得又量失。只有自己正直，才能去丈量别人；只有自己首先遵守规矩，才能对别人提出要求。在铭文中，纪晓岚将尺子作为立身范世的标杆，将刚正率直、严守规矩作为理想的人格追求，以此来告诫子孙后代。"守正规直"这四个字正是纪氏家训中对修身最基本的准则。

纪氏家训同样体现在他写给儿子的家书中。有一次，他给长子写信说："择交宜慎，友直友谅友多闻益矣。误交真小人，其害犹浅；误交伪君子，其祸为烈矣。"他根据自己的阅历，将社会上形形色色的伪君子归纳为十类，即：性格倔强的；趋炎附势的；像漆一样黑的；像钩子一样不正直的；像荆棘一样扎人的；像刀剑一样伤人的；像蜂虿一样蜇人的；像狼虎一样吃人的；喜欢炫耀地位身份的；喜欢炫耀金钱财产的。他告诫儿子，在独立的生活中，一定要慎重处世。他认为那十种人很多时候表面上都装得很像君子，道貌岸然，并不像真正的小人那样容易识别，所以告

纪晓岚塑像

纪晓岚故居

诚儿子一定要有独立分析与正确判断的能力，才能不与他们同流合污。另有一次，他给次子写信说："当世宦家子弟，每盛气凌轹，以邀人敬，谓之自重。不知重与不重，视所自为。"他分析了当时一些当官人家的孩子，指出他们常常盛气凌人，以求别人对自己的尊重，并称这样做是为了自重。那些人其实不知道，别人是否尊重自己，关键是看自己怎么做。他还要求儿子用他的老师"事能知足心常惬，人到无求品自高"的题词作为座右铭。

除了直接给儿子写信外，纪晓岚还写信告诉夫人，不要溺爱孩子，应该担负起教育的责任，从严要求。他提出，在孩子成长过程中，要明了"四戒四宜"：一戒晏起，二戒懒惰，三戒奢华，四戒骄傲；一宜勤读，二宜敬师，三宜爱众，四宜慎食。他从生活中的种种细节处严格要求自己和子女，认为"四戒四宜"虽然仅仅十六个字，所包括的内容很丰富，应该细加领会。子女今后能否成功立业，主要看他们是否能做到这十六个字。

"四戒四宜"虽然字数不多，听起来也简单质朴，实则含义深刻、内涵丰富，凝聚着纪晓岚的人生哲学，既有对不良行为的告诫，又有正确方向的引导。纪氏家训包含修身、勤学、清廉、劝善、处世等多个方面，寄托着纪晓岚对子孙后代的殷切期望，教导纪氏后人遵从规矩做人、勤勉治学、清廉为官、淡泊自持。纪氏家训代代相传，是纪氏家族为人处世、安身立命的重要准则。

梁启超教导子女的魅力

"今日之责任，不在他人，而全在我少年。少年智则国智，少年富则国富，少年强则国强，少年独立则国独立，少年自由则国自由，少年进步则国进步，少年胜于欧洲，则国胜于欧洲，少年雄于地球，则国雄于地球。红日初升，其道大光；河出伏流，一泻汪洋；潜龙腾渊，鳞爪飞扬；乳虎啸谷，百兽震惶；鹰隼试翼，风尘吸张；奇花初胎，矞矞皇皇；干将发硎，有作其芒；天戴其苍，地履其黄；纵有千古，横有八荒，前途似海，来日方长。美哉我少年中国，与天不老；壮哉我中国少年，与国无疆！"

以上让人心潮澎湃的激扬文字，是我国近代思想家、政治家、教育家、史学家、文学家，戊戌变法（"百日维新"）领袖之一、中国近代维新派、新法家代表人物梁启超（1873—1929），写于戊戌变法失败后（1900年）的《少年中国说》。梁启超在文中极力歌颂少年的朝气蓬勃，指出封建统治下的中国是"老大帝国"，热切希望出现"少年中国"，振奋人民的精神。文章不拘格式，多用比喻，具有强烈的鼓动性和进取精神，寄托了作者对少年中国的热爱和期望。

梁启超塑像

　　从《少年中国说》中，我们深切感受到了梁启超炽热的爱国情怀。梁启超不仅是一位忠贞不渝的爱国者，一位百科全书式的大师级的学者，同时也堪称父亲的表率。他的九个子女人人成才、各有所长，甚至传出了"一门三院士，九子皆才俊"的佳话。梁家没有明确的家规，但是从他写给子女们的四百余封家书中，可以窥见梁氏家教的魅力。在家书中，梁启超对子女们的为人、治学、立业等都给予了细致的指导，他既是孩子们的慈父，又是他们的导师、亲密的朋友。

少年中国

JOURNAL OF THE YOUNG CHINA
ASSOCIATION

第一卷 第三期

中華民國八年九月十五日發行

少年中國學會出版

少年中國的少年運動

《少年中国杂志》

　　总结梁启超家教的魅力，有以下几点体会：

　　一是教育子女虔诚敬业、报效祖国。梁启超的九个子女中，先后有七个在国外接受了高等教育，学贯中西，成为各行各业的专家学者，完全有条件进入西方主流社会，享受优厚的物质待遇。但是，他们没有一人留居国外，都是学成后即刻回国，与祖国共忧患。梁启超几十年谆谆教诲儿女们，学业事业上刻苦坚韧，而在生活利益上则与世勿争，与人为善，"知足不辱，知止不殆"，知道满足就不会受辱，知道适可而止就不会有危险。而他的所有子女，全都秉承乃父遗风，一辈子自守本分，不争名于朝争利于市，一意虔诚敬业，一心报效祖国，终获成功，个个都出类拔萃。

　　二是教育子女要敢于吃苦、磨炼人格。梁启超肯定儿女们必需的生活支出，但常常教育子女养成吃苦的韧性，不要追求、看重物质生活。他得知长女梁思顺抱怨加拿大的生活条件艰苦，便写信说："你和希哲都是寒士家风出身，总不要坏自己家门本色，才能给孩子们以磨炼人格的机会。生当乱世，要吃得苦，才能站得住（其实何止乱世为然）。一个人在物质上的享用，只要能维持着生命便够了。至于快乐与否，全不是物质上可以支配。能在困苦中求出快活，才真会打算盘哩！"1927 年，梁思顺夫妇打算变动工作之时，梁启超又告诫他们吃苦的好处："现在处这种困境正是磨炼身心最好机会，在你全生涯中不容易碰着的……你要……在这个档口做到'不改其乐'的功夫。"梁思成夫妇学成归国前，梁启超并未为其描绘美妙的前景，而是告诫说："我想你们这一辈子青年恐怕要有十来年——或者更长，要挨极艰难困苦的境遇，过此以往却不是无事业可做，但要看你对付得这十几、二十年风浪不能。你们现在就要有这种彻底觉悟，把自己的身体和精神十二分注意锻炼修养。"

三是身体力行，用自己的达观精神感染子女。梁启超不仅教导子女要敢于吃苦磨炼人格，也用自己达观的心态感染子女要乐于吃苦。1915 年 12 月 12 日，袁世凯称帝，护国战争爆发。梁启超先是于 1915 年 12 月亲自筹划和指挥云南起义，其后，又于1916 年 1 月 25 日，致信广西都督陆荣廷，劝其独立。陆对梁启超极为敬仰，回信说："只要梁启超早上抵达广西，我陆荣廷当晚即宣布独立。"梁启超决定立即奔赴广西。由于袁世凯已通令各省"捕拿梁启超就地正法"，梁启超不能从广东前往广西，唯一的路是从上海到香港，再经越南进入广西。

最后，梁启超在日本友人横山的帮助下从海防进行偷渡。其间，梁启超曾隐居在横山的帽溪牧场以等待广西来人，在这里度过了他一生中最艰苦的十天：烟已吸完又买不到；晚上没有茶水，饭食也粗糙得难以入口；一灯如豆，有书也不能读；想写字，又没有纸，小箱里虽有笺纸几十张，但珍贵得很，不敢浪费；被褥是此间佣人所用之物，肮脏得令人不想接近；地上十分潮湿，跳蚤在床板中爬来爬去，数以百计，咬得人体无完肤。尽管如此，梁启超仍告诉女儿，"文兴发则忘诸苦"，"吾抱责任心以赴之，究竟乐胜于苦也"。"人生惟常常受苦乃不觉苦，不致为苦所窘耳。更念吾友受吾指挥效命于疆场者，其苦不知加我几十倍，我在此已太安适耳。"

如此乐于面对苦难的心态，当不仅为其儿女，更是后世如我辈者之楷模也。"处忧患最是人生幸事，能使人精神振奋，志气

梁启超（左二）与家人的合影

强立。两年来所境较安逸，而不知不识之间德业已日退，在我犹然，况于汝辈，今复还我忧患生涯，而心境之愉快，视前此乃不啻天壤，此亦天之所以玉成汝辈也。"

宋嘉树育三姐妹的心经

中国近代史上，有一个很重要的人物，名叫宋嘉树（1861—1918），字耀如。他是著名的"宋氏三姐妹"的父亲，是一位极有民主思想的爱国实业家，同时也是孙中山的好友，长期负责为孙中山的革命活动筹集经费，为同盟会和孙中山掌管经费，对孙中山领导的反帝、反封建的斗争给予了很大的支持。然而，真正能够让后人铭记的，是他的孩子们。

宋嘉树共育有六个子女。他的三个女儿——宋霭龄、宋庆龄、宋美龄，三个儿子——宋子文、宋子良、宋子安，在中国近代史上个个叱咤风云，对中国近现代的格局产生了很大的影响。尤其是宋氏三姐妹，在抗日战争时期统一站在反法西斯斗争的战线上，因此闻名世界，享有很高的声誉。

在男尊女卑、重男轻女的封建时代，宋嘉树是如何培养出宋氏三姐妹这样的巾帼英雄的呢？

首先，宋嘉树的教育理念在其中起到了不可替代的作用。在他看来，生儿生女都一样，没有重男轻女的思想。那个时候，男尊女卑的观念还很强，绝大多数的家长还要求女孩子遵守"三从四德"，相夫教子，还裹着她们的脚。可宋嘉树对他的女儿却从不如此。他提倡男女平等，对子女不论男女一视同仁，并尤为重视培养女儿们自尊、自立和自爱的精神。他经常对她们说：身为女子，不应妨碍自己成为有成就、有作为的公民。他让三个女儿跟男孩子一样，进学校读书，并且把她们送到美国去留学，让她们接受西方现代科技文明和价值观念的教育，培养她们个人奋斗的精神。这一举动在当时来说可以说是破天荒的事。

其次，他培养了宋氏三姐妹的自立能力，增强了她们的意志力。长女宋霭龄和小女宋美龄天性聪慧，胆识过人，大胆泼辣，在她们只有五岁时，宋嘉

宋嘉树塑像

树就把她们送到寄宿学校中的女塾读书。宋庆龄与姐姐和妹妹一样聪明，但是不像姐妹那样大胆泼辣，锋芒毕露。七岁时，父亲也送她到中西女塾读书。宋霭龄十六岁时，宋嘉树夫妇把她孤身一人送到美国求学，使宋霭龄成为中国近代史上最早赴美国接受高等教育的女子之一。1907 年，宋氏夫妇又把二女儿宋庆龄和小女儿宋美龄一起送到美国接受教育。当时宋美龄年仅十一岁，由于年龄小，在威斯里安女子学校注册为特别生。

由此，宋嘉树使宋氏三姐妹在早期教育上占了先，在接受西方教育上占了先，在女子接受高等教育上占了先，正所谓"敢为天下先"！

三是在公务之余，宋嘉树还经常用讲故事的形式，向他的孩子们讲述自己青少年时期的奋斗经历，灌输爱国主义思想和民主主义思想，阐明对旧的传统习俗观念的厌恶、对命运安排不公的反抗勇气以及自强不息的奋斗精神、坚忍不拔的意志的培养。毫无疑问，这些言行对儿女们都产生了不同的影响，既培养了像宋庆龄这样具有高尚品格的"国之瑰宝"，也培养了宋美龄这位近现代中国女性中的"一代风流人物"。可能因为自己幼年时曾激烈反抗家长的刻板教育模式，所以宋嘉树对自己的孩子一贯宽容。他迎合他们的情绪，使他们深信生活中没有办不到的事情，天地之大就在脚下。他扩大了孩子们的志趣，让他们希冀纷呈，树立了只有以超常的干劲与进取精神才能实现那些希冀的信念。他常常给孩子们讲述他的冒险经历，告诉他们：对有胆识的人来说，天下无难事，他本人就是一个活生生的例子。

宋嘉树抛开重男轻女的固有观念，抛开封建礼教的束缚，实

宋氏三姐妹

行男女平等的家庭教育，让宋氏三姐妹接受同等的教育，使三姐妹从小就树立了不逊于男人的信心，使得她们相信，通过自身努力，女孩子同样能为国家、为人民作出自己应有的贡献。肯定地说，如果没有宋嘉树进步思想的陶冶，没有宋嘉树对子女的早期教育和接受西方教育的背景，宋氏三姐妹就不会引起人们的赞誉，更不会产生名垂青史的"亦后亦相"的宋氏家族传奇。

美国著名作家罗比·尤恩森在《宋氏三姐妹》一书中说："宋嘉树将变成'中国没有加冕的宋家王朝'的首脑，他在身后将通过其显赫家族中的六个子女，特别是三个女儿，扩大其对国家的影响，而这三个女儿又将随同她们的丈夫，改变中国的历史和影响世界的历史。"

鲁迅用完全解放法育子

周海婴，鲁迅唯一的孩子。据周海婴所著《鲁迅与我七十年》介绍，鲁迅对他的教育方式是"顺其自然，极力不多给他打击，甚或不愿拂逆他的喜爱，除非在极不能容忍、极不合理的某一程度之内"。

在众人印象中，鲁迅（1881—1936）是伟大的文学家、思想家、革命家，是中国文化革命的主将，是代表中华民族的"民族魂"。但是，鲁迅也是一位父亲，同时他还非常重视对下一代的教育。鲁迅在《随感录三十三》中说："家兴出孝子，家败出妖孽。"俗话说："斗气不养家，养家不斗气。""亲人间的他恨比蝎子还危险。"因此，鲁迅认为好的家风、好的家庭环境，可以让人走得更远。他对母亲孝顺，对妻子爱护，对孩子理解。鲁迅先生近乎完美的人格离不开良好的家风，他也用爱呵护着家人，用爱关怀下一代。在儿子的成长过程中，鲁迅基本让他"完全的解放"，又说："我现在心以为然的，便只是爱。"

鲁迅不仅喜爱孩子，而且主张理解孩子，重视教育孩子。他曾经在《我们现在怎样做父亲》一文中这样写道："自己背着因

鲁迅与儿子海婴的合影

惯于长夜过春时　挈妇将雏鬓有丝
梦里依稀慈母泪　城头变幻大王旗
忍看朋辈成新鬼　怒向刀丛觅小诗
吟罢低眉无写处　月光如水照缁衣

鲁迅

袭的重担，肩住了黑暗的闸门，放他们到宽阔光明的地方去，此后幸福的度日，合理的做人。"他把儿童看作民族的未来、国家的希望，认为将来有什么样的儿童就有什么样的世界。鲁迅觉得，对待儿童，应当懂得他们的兴趣和喜好，深入了解他们的内心世界。他曾经说："孩子的世界，与成人的截然不同；倘不先行理解，一味蛮做，便大碍于孩子的发达。"

有一天，鲁迅在家里请朋友吃饭，桌上摆了一盘鱼丸子，海婴面前也放了一小碟，海婴夹了一个放在嘴里尝了尝，觉得味道不新鲜，就嚷嚷菜坏了。鲁迅妻子许广平便夹起一个吃，感觉很新鲜，于是就批评海婴，还又给海婴夹了一个。海婴吃了这个之后，依然说不新鲜。许广平生气了，更加严厉地斥责海婴。见此情形，鲁迅先生便把海婴碟子里的鱼丸夹起来尝了尝，果然不新鲜。原来，在这碗鱼丸中，有一部分是新鲜的，还有一部分是不新鲜的。于是，鲁迅先生说："他说不新鲜，一定也有他的道理，不加以查看就抹杀是不对的。"许广平事后感慨地说："周先生的做人，真是我们学不了的，哪怕一点点小事。"

1936 年鲁迅病重时，在散文《死》的篇末写下遗嘱，其中第五点是对当时七岁的周海婴的训示："孩子长大，倘无才能，可寻点小事情过活，万不可去做空头文学家或美术家。"周海婴没有成为文学家或美术家，却成了个无线电专家，这与父亲用心为他营造的宽松自由的环境是分不开的。孩子的天性是最宝贵的，儿童完整的天性有利于想象力和创造力的发挥，应当给孩子足够的支持和保护，让孩子的天性能够得到最大限度的生长和发展。鲁迅对孩子的耐心和理解，也值得当今的人们好好学习。

刘少奇教子甘为孺子牛

　　刘少奇（1898—1969）是中华人民共和国开国元勋，是我国社会主义建设时期一系列重大决策的制定者和实施者之一。社会主义改造基本完成后，他积极探索适合我国国情的社会主义建设道路，先后担任党中央副主席、中华人民共和国主席。

　　为了建立国富民强的新中国，刘少奇经常工作到深夜，有时甚至通宵达旦，经常很晚才顾得上吃饭。为了不影响厨师休息，晚上那顿饭就由夫人王光美去做。这顿饭非常简单，只要厨师中午多做一点饭菜，王光美把剩下的饭菜往小锅一倒，来个一锅烩就行。王光美因此也得到了"烩饭厨师"的雅称。厨师不忍心，几次提出晚上给刘少奇做点夜餐，他总是温和拒绝："夜里反正我吃不多，有点东西填填，不觉得饿就行了。你们白天工作很辛苦，晚上应该好好休息，恢复恢复体力，不应该打扰你们。"

　　负责后勤的工作人员觉得，刘少奇夫妇经常通宵工作，秘书和卫士晚上加班都有夜班加餐费，刘少奇夫妇也应该有夜班加餐费，于是背着刘少奇夫妇给他们申请了夜班加餐费，每人每天五角钱，悄悄地加进伙食费里。虽然只有五角钱，但一段时间后，

刘少奇《共产党员的修养》手稿

明察秋毫的刘少奇还是发现自己的工资有"水分"。他叫王光美去查伙食账，一查发现他俩每月的伙食费里多了三十元。

"这怎么行！"刘少奇立即召集身边的工作人员追查钱的来源，工作人员只好道出原委。他严肃认真地说："我向来有通宵工作的习惯，人一天就吃三顿饭，无论是白天工作还是晚上工作，横竖就这三顿饭，要什么夜餐费？马上给公家退回去！"

身边的工作人员不敢怠慢，算了一下，共领了两年多的补助，需退还公家七百二十元钱。这笔钱从刘少奇家每月生活费中扣除。此后两年多，刘家的生活费从每月一百五十元降为一百二十元。扣还这笔钱后，家庭开支更显紧张，但刘少奇心里反而踏实。他坦荡地说："我和大家一样，一天三顿饭，何必再给国家添负担呢？领导干部应该严格约束自己，决不能放松警惕，决不能搞特权。"

刘少奇在严格约束自己行为的同时，也严格要求子女，告诫他们千万不要因为自己是国家领导人的子女，就搞特殊化，而要自觉抵制各种特权思想的侵蚀，自立自强，通过自己的勤劳和奋斗获得事业成功，创造美好生活，时刻牢记"不搞特殊化"。在与子女的沟通交流中，刘少奇与子女们书信往来频繁。在这些书信中，刘少奇针对子女思想、工作、生活、学习中遇到的问题，耐心细致地举事例、摆事实、讲道理，与之交流探讨，使子女得到教育和启迪。

1955年，刘少奇的二儿子刘允若在苏联学习，就读于飞机无线电仪表专业。但刘允若对自己的专业不感兴趣，偏爱文学，加上与同学关系不融洽，便闹着要留级和换到文学专业。刘少奇知道这个情况后，写了一封长信批评教育儿子。这封长信中写道："在你去苏联，我们告别时，我仍旧提出这点要你牢记：不要骄傲，不要看不起人，要尊重大家的意见，要肯于为大家的事情吃一点亏，而且我还引用了鲁迅的名言'横眉冷对千夫指，俯首甘为孺子牛'。不知这些话，你是否记得。你一贯的错误，就是你在劳动人民面前，在同志们面前，不肯'俯首甘为孺子牛'。现在根据你的来信看，你这个毛病不仅未改，而且有了发展。现在你应该向你的组织声明承认错误，请求同志们批评，虚心接受大家的意见，使相互之间的关系正常起来。就是说，在你的同志面前你要'俯首甘为孺子牛'……你必须改正你的错误，否则，坚持下去，还会犯更大的错误。"刘允若接信后，认识到自己的错误，仍攻读原专业，最终以优异的成绩学成回国。

一滴水可以折射出太阳的光辉，一封家书亦可以反映出刘少奇在子女家庭教育方面的优良风范和高超艺术。无论是对自己还是对子女，刘少奇始终坚持不搞特殊化，自立自强，勤劳奋斗，靠自己的努力创造美好的生活。

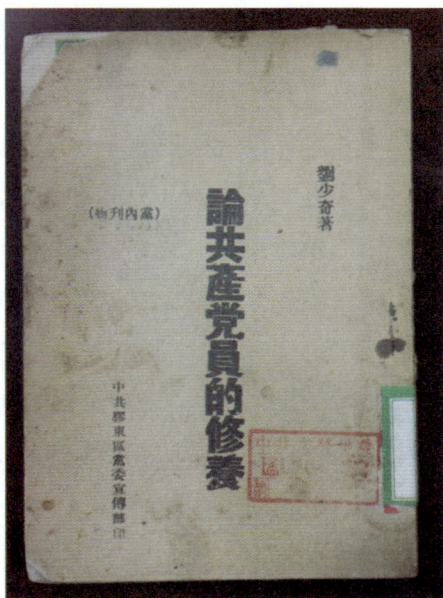

《论共产党员的修养》书影

傅雷教子永怀赤子之心

生活·读书·新知三联书店 1981 年出版的《傅雷家书》，感动了数百万中国读者。直至今日，此书还一版再版。

傅雷（1908—1966）先生一生在文学、音乐、美术理论、美学批评等领域多有建树，体现出勤奋、正直、热心、严谨、慈爱的美德，凝聚成了独特的"傅雷精神"。有人说，"没有他，就没有巴尔扎克在中国（的影响）"；傅雷译介罗曼·罗兰的《约翰·克利斯朵夫》深深影响了几代中国人。作为音乐鉴赏家，他写下了对贝多芬、莫扎特和肖邦的赏析。作为文学评论家，他对张爱玲小说的精湛点评，为学界作出了文本批评深入浅出的典范。同时，傅雷先生又是一位在家训方面取得成功的人物。在他的培养下，他的儿子傅聪成为世界著名艺术家，次子傅敏也学有专长、教有所成。他在长期大量的家训实践中，写了数以百计的家书。《傅雷家书》，即傅雷先生家训实践的成果，是一部充满着父爱的苦心孤诣、呕心沥血的教子篇。

傅雷道德家训的基本点是强调"第一是做人"。从儿子小时候起，傅雷对儿子的教育强调得最多的就是"第一是做人"。儿子要出国去学习，准备参加音乐艺术大赛，父亲给儿子的临别赠言就是"第一，做人；第二，做艺术家；第三，做音乐家；最后才是钢琴家"。他要求儿子永怀赤子之心。赤子之心，是纯洁无邪之心，是清新之心，是爱心。这种爱不是庸俗的、婆婆妈妈的那种感情，而是热烈的、真诚的、洁白的、高尚的、如火如荼的、忘我的爱。赤子之心，用以待人，就是待人要诚恳，不绕弯子；用以对待事业，就是要求对待事业真诚。傅雷还指出，赤子之心有巨大的精神力量，它能鼓舞人坚强，它能使人不孤独。永远保持赤子之心，可以使人永远不落伍。

"爱好文艺者未必真有文艺之能力，从事文艺者又未必真有对文艺之热爱；故真正成功之艺术家，往往较他种学者为尤少。凡此种种，皆宜平心静气，长期反省，终期用吾所长，舍吾所短。若蔽于热情，以为既然热爱，必然成功，即难免误入歧途。"出于这种想法，在傅聪还只有三四岁时，傅雷就开始在他身上寻找天赋的闪光点，着手为傅聪铺筑人生之路了。

一开始，傅雷让傅聪学习美术，因为傅雷觉得自己精通美术理论，而且身边有许多朋友是中国画坛巨匠，如果傅聪能拜他们为师，博采百家之长，化为一身之有，定会在绘画上开拓自己的一片天地。但是让傅雷没有料到的是，傅聪根本就不是绘画的"料"，每次绘画时他总是心不在焉，左顾右盼，他笔下的那些习作简直就是"鬼画符"，乱笔涂鸦，丝毫没有显露出预期的那种美术天赋。而与此同时，傅聪的一些细微爱好则引起了傅雷的注意。他发现儿子对家里的那架手摇式（发条动力）留声机情有独钟，每当留声机播放美妙的乐曲时，儿子总是一动不动地倚靠在它旁边静静地听，心驰神往，这个时候小男孩那固有的调皮好动的天性也全都消失不见了。傅雷曾经这样写道："傅聪三岁至四岁之间，站在小凳上，头刚好伸到和我的书桌一样高的时候，就爱听古典音乐。只要收音机或唱机上放送西洋乐曲，不论是声乐是器乐，也不论是哪一乐派的作品，他都安安静静地听着，时间久了也不会吵闹或是打瞌睡。"于是傅雷果断地让傅聪放弃学画而改学钢琴，此时傅聪已七岁半了，但是傅聪的每一个细胞好像都是天生为了感知音乐而存在的，他学琴仅几个月，就能背对钢琴每个琴键的绝对音高。在启蒙老师雷垣教授肯定傅聪"有一对音乐的耳朵"后，傅雷最终认定，自己确实发现了傅聪的音乐天赋。自从喜欢上钢琴之后，傅聪便如鱼得水，如同痴狂了一般，每天放学回家做完作业后，就会一头扑在钢琴上。他的弹奏技巧突飞猛进，琴艺高超，如果不是亲眼目睹，人们很难相信那悠扬悦耳的琴声竟是从一个小男孩的指尖流淌出来的。

傅聪学习钢琴后，经常参加比赛，获得大奖。傅雷就教育儿子，不要计较个人名利，要目光远大，胸襟开阔，身外之名对于个人本身的渺小与伟大都没有什么相干，要像孔子说的这种富贵，对他来说等于浮云一样。而国家的荣辱和利益才应该放在首位，要把获得大奖的荣誉看作新中国的荣誉。当儿子从波兰出走英国时，他语重心长地教育儿子："祖国没有忘了你。"他要儿子明白个人的荣辱得失事小，国家的荣辱得失事大。尤为可贵的是，傅雷即使自己遭受冤屈，仍然不忘教育儿子以国家利益为重。傅聪尽管受到不公正待遇，遭受父母亲含冤弃世的沉重打击，在国外周游几十年，还是不忘新中国，一旦有机会，即为新中国出力。这不

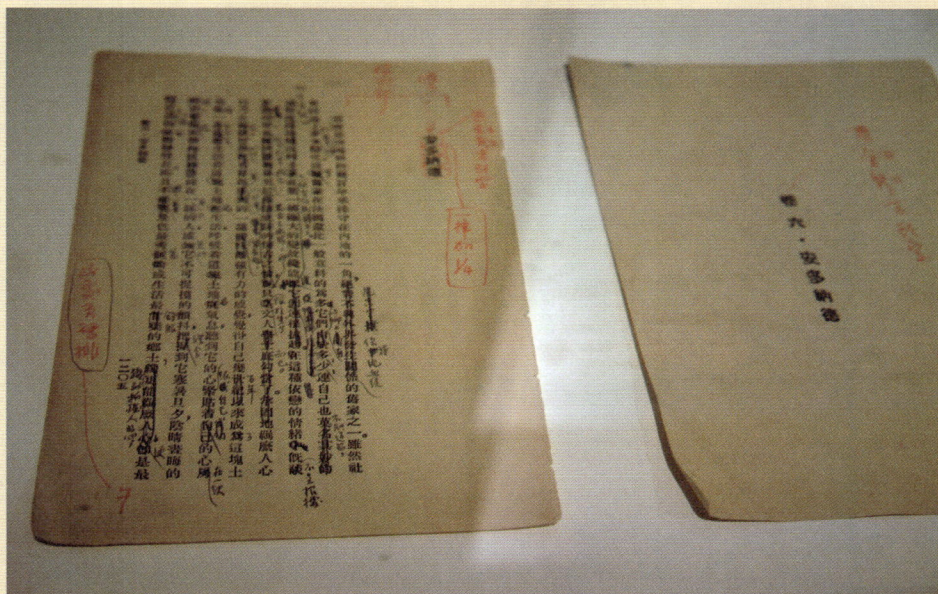

傅雷重译《约翰·克利斯朵夫》修改稿

能不说是得益于傅雷的教诲。

　　傅雷家训思想，借鉴了中国传统文化中强调道德修养和道德教育的思想。中国传统文化很强调道德修养。作为儒家经典之一的《大学》就强调"修身"，"自天子以至庶人，壹是皆以修身为本"。傅雷对此很看重，并把它们贯穿于自己的家训实践中。他还常用《孟子·离娄下》中"大人者，不失其赤子之心者也"和《论语》"一箪食，一瓢饮，在陋巷，人不堪其忧，回也不改其乐"的典故教育儿子。他的两个儿子也是在这样的熏陶下最终成为栋梁之才。

亲廉篇

湛氏责子赠官物增其忧

　　东晋名将陶侃（259—334），精勤吏职，不喜饮酒、赌博，为人所称道。在"士庶天隔"观念已经形成的东晋时期，出身贫寒又是江南少数民族的陶侃却能在风云变幻中，冲破门阀政治为寒门入仕设置的重重障碍跻身名流，执掌兵权且立下赫赫战功；出任东晋炙手可热的荆州刺史并将其治理得井然有序，以"路不拾遗"之淳厚民风闻名。在东晋的建立过程中与稳定东晋初年动荡不安的政局方面，陶侃功不可没。他忠顺勤劳、明悟善决，位极人臣却待人宽厚，这些优点都得益于陶侃之母湛氏教导有方。

　　陶侃的母亲湛氏是中国古代有名的贤母，与孟母（孟子母亲）、欧母（欧阳修母亲）、岳母（岳飞母亲）一起被誉为"四大贤母"。陶侃幼为孤子，家境贫寒；陶母早年丧夫，含辛茹苦，靠纺纱织麻维持生计，供养陶侃读书。陶母一直教育儿子，交朋友一定要交比自己更有水平、更有文化之人，并以忠顺勤俭为美德熏陶其子，流传有不少家教美谈。

　　传统家训除了强调调整好父子、夫妇、兄弟姊妹等家庭成员之间的道德关系外，还告诫家人子弟努力处理好与乡亲邻里的关

截发筵宾

系,待人接物要真诚。陶母湛氏常以身作则。有一次,同郡孝廉(即举人)范逵路遇大雪,借宿陶侃家中。当时天寒地冻,风雪交加,范逵的马没有饲料,陶母于是揭去自己床铺上的稻草席,剁碎了喂范逵的马。由于陶家贫寒,没有像样的酒菜招待范逵,陶母又偷偷剪下自己的长发卖掉,冒着风雪购买了一些酒菜款待范逵。这就是"截发筵宾"典故的由来。在中国人的观念中,"身体发肤,受之父母,不敢毁伤,孝之始也",所以头发是不可轻易剪的。陶母如此举动,足见她待客之诚心。所以范逵大为感动,遂举荐陶侃由县吏,拜授郎中。陶母诚信待客的行为不仅教育了陶侃,也帮助陶侃走上仕途。

关于陶母，还有一个"封坛退鲊"的故事广为流传：陶侃年轻时曾在浙江海阳做监管渔业的小官。少小离家在外，谨记母训的陶侃工作兢兢业业、忠于职守，待人和善宽厚，因此颇有人缘。有一次，他的部下见其生活清苦，便从鱼品腌制坊拿来一坛鱼鲊（腌鱼）给他食用。孝顺的陶侃拿到鱼鲊马上想到自己一生贫居乡间的母亲平素爱吃鱼鲊，便嘱托一位出差到陶母居住地的同事，顺便捎上这坛鱼鲊转交陶母，并附上告安信。

陶母收到鱼鲊，甚为陶侃的一片孝心高兴，于是随口问送鱼鲊之人："这坛鱼鲊，要花多少钱？"那客人不解其意，忙夸耀说："嗨，这坛子鱼鲊用得着花钱买？我们作坊里有很多，伯母爱吃只需吩咐，下次我再给您多带些来。"陶母听罢，心情陡变，不禁转喜为忧。她马上将鱼鲊坛口重新封好，叫送鱼鲊之人把鱼鲊带回给陶侃，并给陶侃写了一封书信。此书言辞严厉："<u>尔为吏，以官物遗我，非唯不能益吾，乃以增吾忧矣。</u>"用今人的话说就是：你身为官吏，把官府的物品赠送给我，这样做不仅没有好处，反而增添了我的忧愁啊！

陶侃收到母亲的书信与退回的鱼鲊，大为震动，更愧疚万分，深感辜负母训，发誓不再做让母亲担忧之事，一生遵循母亲教导，清白做人，廉洁为官。从此，陶侃为官更加公正廉洁，公私分明。直到晚年告老还乡，他也一<u>丝</u>不苟地将军资仪仗、仓库亲自加锁，点滴交公。

后人赞誉："世之为母者如湛氏之能教其子，则国何患无人才之用？而天下之用恶有不理哉！"

寇母绘图训儿勤俭为民

宋真宗景德年间一天，当朝宰相寇准在家里设宴，庆祝自己的生日。宰相府门前人头攒动。这时，一个家人来到寇准身边，轻声说道："老爷，门外有位刘妈求见。"不一会儿，刘妈双手捧着一个卷轴来到寇准面前。寇准接过卷轴问道："这是什么？"刘妈答道："这是太夫人生前给老爷留下的一幅画。"

寇准闻言，默默地打开卷轴，只见画的正中间是一间破茅草房，屋内有盏昏黄的油灯，油灯下，母亲一边织布，一边看着旁边专心读书的儿子。画的右上角是寇母亲笔题写的"寒窗课子图"五个字，左下角则是寇母亲笔书写的一首诗："孤灯课读苦含辛，望尔修身为万民。勤俭家风慈母训，他年富贵莫忘贫。"画还没有看完，寇准早已泪如泉涌。

原来，寇准幼年丧父，家境贫寒，寇准的母亲常常一边纺纱，一边教寇准读书识字，督导寇准苦学成才。十九岁那年，寇准得中进士，寇母却身患重病。临终时，寇母将这幅《寒窗课子图》交给刘妈说："寇准日后必定做官，如果他有错处，你就把这幅画交给他！"中进士后，寇准一路做官，一直做到了宰相。这一天，寇准为了庆贺生日，准备大宴宾客。刘妈见时机已到，遂将寇母留下的这幅《寒窗课子图》交给了寇准。于是，寇准立即撤去了寿宴，辞掉了寿礼，从此不再摆宴。

宋太宗太平兴国五年（980），寇准被授官大理评事，一年后被派往归州巴东任知县，任满改任成安知县，后又升任盐铁判官、尚书虞部郎中、枢密直学士等职。

寇准为官后，廉洁自律，勤俭持家，勤于政事，一心为民，成为宋朝一代贤相。当时，有位处士魏野被寇准的廉洁品行所感动，作诗称赞他："有官居鼎鼐，无地起楼台。"意思是寇准的官位如此显赫，家里却连造楼房的地都没有。从此，寇准的清廉之名传得更远了。一次，北方辽朝的使者来宋，朝廷设盛筵款待，当朝的官吏都来了，高官济济，团团坐定，金朝使者逐一打量诸位大臣，问道："请问在座各位，哪位是我仰慕已久的'无楼台相公'寇准呢？"

寇准连续几朝担任宰相之职，前后长达三十年。宋太宗端拱二年（989），寇准曾奏事殿中，大胆进谏，宋太宗听不进去，生气地离开了龙座，转身要回内宫。寇准却扯住太宗衣角，劝他重新落座，直到事情议决才退。事后，宋太宗十分赞赏寇准，高兴地说："我得到寇准，就像唐太宗得到魏征一样。"

寇准一生大起大落数次。宋真宗乾兴元年（1022），寇准被放逐到雷州作司户参军。在雷州，寇准写有《病中诗》："多病将经年，逢迎故不能。书惟风雨后，无睡对青灯。"宋仁宗天圣元年（1023）寇准病故，妻子宋氏奏乞归葬故里，但因所拨费用有限，灵柩运至中途钱已用完，只得寄埋洛阳巩县。

包拯刻《家训》竖于堂屋

　　清末启蒙思想家宋衡曾写过一首名叫《游香花墩谒包孝肃祠》的诗，赞扬包河藕，诗云："孝肃祠边古树森，小桥一曲倚城阴。清溪流出荷花水，犹是龙图不染心。"这首诗通过民间包河藕无丝（无私）的传说，赞扬了北宋时期包拯（999—1062）的正直和无私精神。

　　对于包拯，人们大都耳熟能详，而民间包河藕无丝（无私）的传说却鲜为人知。故事说的是北宋初年，仁宗即位时，执意要将安徽的巢湖赏赐给包拯，包拯不受。仁宗遂欲强将合肥的一段护城河（即今包河），赏赐给包拯，这次包拯不便推托，只好领受。可河内有藕，藕能卖钱，此与包拯忌财拒贪风范相悖，然而又不能不让河长藕，这如何是好？经反复思忖，包拯终于想到一个两全之法。一日，包拯手书四言，大意是："此河之藕不能卖，只能供医当药材。言语后人切记牢，休以河藕换钱财。"说来也怪，自此以后，包河藕日渐丝少，且食之清淡无味，唯独作药用却为上品。如此，包河藕无丝（无私）便成了合肥家喻户晓的佳话，包河藕也成了合肥闻名遐迩的地方特产。

纵观包拯一生，始终保持"清心""直道"的本色，一身正气，两袖清风，铁面无私，疾恶如仇。包拯平生整治吏治，注重生产，巩固国防，举贤任能，为民请命，颇有政绩，是我国历史上"不爱乌纱只爱民"的典型清官代表。因其一生清正廉明，赢得了世人的敬仰，古往今来，"包公"成为一个震古烁今、世代传颂的名字，"包青天"成为黎民百姓呼唤清官与盼望治世的精神寄托。

为官二十六载，包拯特别痛恨贪官污吏，在弹劾贪官时，他常常引用范仲淹的一句话"一家哭何如一路哭"。意思是说，弹劾掉一个贪官只是他一家哭，而一方百姓就能免受其害了。他认为："廉者，民之表也。贪者，民之贼也。"清廉的官员能成为百姓的表率，而贪赃枉法的官员则为世人所不耻。包拯一生坚持"清心治本、直道处世"，以清廉、刚直名重于世。曾巩称他"仕至通显，奉己俭约，如布衣时"。

"不持一砚归"的故事，是最为人传诵的包拯清廉的故事。

包拯曾调任广州肇庆知府，当地盛产端砚。当时权贵大臣都以家中存有肇庆产的端砚为荣。而肇庆的历任知府为了讨好上司，向肇庆民间的工匠和作坊无偿索取比进贡数还要多几十倍的砚石，弄得民不聊生，怨声载道。包拯到任后，立刻下令整治这种腐败的行为，百姓无不感激涕零。任期一年，包拯奉诏回京。有一位工匠精心雕刻一方端砚，想敬献给这位百姓爱戴的好清官，但是被包拯谢绝。

临行前，包拯叮嘱随从，谁也不许接受任何馈赠，更不许带走一方端砚，甚至把平时在公堂上用过的端砚都造册上交了。包拯乘船离开肇庆，途经羚羊峡口，忽然狂风大作，乌云满天，波

安徽合肥包公文化园内的石碑，碑上刻有包拯家训

浪翻滚，船只不能前行。包拯大惊，立即命随从仔细搜查船舱，看看是否有来历不正之物。随从见瞒不过去，赶忙拿出一块用黄布包着的东西，战战兢兢地送到包拯面前，说这是肇庆父老临别时赠送以表心意的。包拯打开一看，正是那方雕刻精致的端砚。包拯目视怒涛，稍加思索，便将端砚掷入江中。说也奇怪，江面立即风平浪静，阳光普照。而后，在包拯掷砚的地方，慢慢升起了一片绿洲，后人把它称为"墨砚洲"。

包拯不但自身廉直，而且重视约束子弟。宋嘉祐七年（1062）五月十三日，包拯正在枢密院处理军机要事，突然发病，从此卧床不起。包拯感到自己来日无多，大儿子包繶已经去世，小儿子包绶只有五岁，还不太懂事，谁来教育他？他将来会做一个什么样的人？思前想后，他提笔写下一则家训："后世子孙仕宦，有犯赃滥者，不得放归本家；亡殁之后，不得葬于大茔之中。不从吾志，非吾子孙。"

在这则家训中，包拯严厉告诫子孙后代做官时不得贪污受贿，否则就不是他的子孙，在死后更是不能葬入祖坟。寥寥数语，字字铿锵，掷地有声。包拯还嘱托家人请工匠把这则《家训》刻在石碑上，并竖立在堂屋东壁，用来告诫后代子孙。要知道，在封建时代，死后不能葬入祖坟，乃是十分严厉的家法。

包拯的清廉于潜移默化中润泽子孙后代，使得子孙能够严格遵守家训，克己正身，直道而行。有史可考的是，包拯祖孙三代都是深受百姓爱戴的清官。长子包繶，授官太常寺太祝，他廉洁自律，但却英年早逝，留下夫人崔氏和幼子包永年。次子包绶，包拯过世时刚满五岁，由寡嫂崔氏抚养。包繶没有留下家业，崔氏依靠替人家洗衣缝补勉强度日。后来崔氏变卖了一点房产，供养包绶和包永年求学。包绶不辜负寡嫂崔氏的厚望，官至六品。在任期间，包绶无论身居何职，都能清苦守节。包绶死后，箱囊之内，除了书籍、著述外，再也没有其他值钱的物品，衣袋里也只找出四十六枚铜钱。甚至有人猜测，包绶的死，极有可能和清贫有关。包拯的孙子包永年曾任咸平县主簿、崇阳县令。他任职期间，"凡厥莅官临事，廉清不扰"。遗憾的是任期未满而病卒，终年四十一岁。清理他的财物时，人们发现竟然"了无遗蓄"，甚至丧葬费用还是两位堂弟资助的。

包拯塑像

郑氏十五世无一人贪墨

在浙江省金华市浦江县郑宅古镇的入口，矗立着"江南第一家""孝义门""三朝旌表""有序""恩德""麟凤世家""取义成仁""礼部尚书"和"九世同居"九座牌坊。是谁家门前有如此大的"派头"竟然矗立着九座牌坊？这就是明洪武十八年（1385）太祖朱元璋赐封的"江南第一家"——世居在此的浦江郑氏家族。

历史上，一个家族累世同居被朝廷旌表，可称"义门"。历朝表彰的"义门"中，一般五世、七世就属难能可贵，而郑义门自北宋重和元年（1118）传承至明天顺三年（1459），历经了宋、元、明三代，长达三百四十余年，足足延续了十五世。浦江郑氏家族如此义居，屡受朝廷旌表，而且在义居的三百四十余年间，郑义门出仕一百七十三位，官位最高的位居礼部尚书，小的只是普通税令，而他们却无一人不勤政廉政，无一人因贪墨被罢官。这也是太祖朱元璋赐封其为"江南第一家"的根本原因。

让我们循着郑氏家族十五世居的轨迹，寻找这个家族强大的凝聚力和生命力，以及十五世无一人贪墨的内在因素吧。

郑义门世祖是南宋年间的郑琦。他在临终前嘱咐子孙："吾

浙江金华浦江郑宅古镇的牌坊

子孙有不孝、不悌、不共财聚食者，天实殛罚之。"

实际上，郑琦世祖的临终嘱托是为这个家族制定了"孝、悌"的家规。郑琦的母亲张氏因患风疾，手足不能伸，郑琦日候床边，侍奉饮食汤药，三十年如一日，始终不懈怠。郑琦世祖的典范作用也深深影响了这个家族。

郑氏家族在历经了两个半世纪的十世同居后，第六世孙郑文融开始主持家政，他的管理甚为严格，族人不敢私藏一文钱、一尺绵帛。为此，元武宗在位时（1308—1311年在位）已经旌表郑氏为"义门"。郑文融依据世祖和历代郑家的规矩，开始制定家规五十八条，更加严格地管家治家。由此，郑文融订立的五十八条族规也成为郑氏家族管家治家的法宝。此后，家规历经几代人修订、增删，最终定为一百六十八条，涉及家政管理、子孙教育、冠婚丧祭、生活学习、为人处世等方方面面，堪称世上最齐全的家庭管理规范。它甚至将大家庭的管理成员，分为十八种职务二十六人，形成一个网络式的多层结构。依靠《郑氏规范》，一个庞大家族的秩序由此严丝合缝地建立起来。正是《郑氏规范》的指引，这个家族才具有了强大的凝聚力和生命力。

这一百六十八条家规，有些涉及廉政、廉洁方面，如八十六、八十七、八十八这三条就是专门针对出仕的族人规定的。

第八十六条　子孙器识可以出仕者，颇资勉之。既仕，须奉公勤政，毋蹈贪黩，以忝家法。任满交代，不可过于留恋。亦不宜恃贵自尊，以骄宗族。仍用一遵家范，违者以不孝论。

第八十七条　子孙倘有出仕者，当早夜切切，以报国为务。抚恤下民，实如慈母之保赤子。有申理者，哀矜恳恻，务得其情，毋行苛虐。又不可一毫妄取于民。若在任衣食不能给者，公堂资而勉之；其或廪禄有余，亦当纳之公堂，不可私于妻孥，竞为华丽之饰，以起不平之心。违者天实临之。

第八十八条　子孙出仕，有以赃墨闻者，生则于《谱图》上削去其名，死则不许入祠堂。如被诬指者则不拘此。

第八十六条是说，对有才能可以出仕的子孙，公堂应给予相当的资助和勉励。子孙出仕为官后，应该奉公守法，努力于政事，不要涉足贪污受贿之事，以辱没家庭、触犯家法。任满离职，不

浙江金华浦江县郑宅镇郑氏宗祠中的"师俭堂训"

要过于留恋官位，亦不应该自认为尊贵，对族人趾高气扬。即使外出为官亦必须遵守《规范》，违者以不孝论。

第八十七条是说，出仕为官的子弟务必早晚都要记住如何报答国家。关怀体恤穷困的黎民百姓，对他们应该如慈母爱护自己的儿子一样。对鸣冤求助的百姓要有哀悯恻隐之心，务必访查真情，不要苛刻虐待，更不能妄取百姓的一丝一毫。子弟在任时若衣食不能自给，公堂则给予资金补贴；俸禄若除衣食费用之外还有节余的，节余部分必须交纳给公堂，决不可私与妻子儿女，让她们竞相置办华丽的服饰，而使其他人产生不平之心。违者上天会实实在在地将不幸降到他们的头上。

第八十八条是说，子孙在出任官员期间，有因为贪污受贿而臭名远扬让公堂知晓者，生前则在《谱图》上削去其名字，死后则不许入祠堂。如被诬告冤枉者，则不拘于此。

如此严格的家规，难怪郑家出仕的族人，无一人不勤政廉政，无一人因贪墨被罢官。让我们看个例子：

郑义门第九世祖郑机，在明永乐年间任广东省仁化县知县。他勤政爱民，平蛮寇、修水利、奖农耕，政绩显著；尤其在廉洁方面，他更是严格要求自己，从不收受属下及百姓的礼物。在他五十岁生日时，受郑机器重的典吏章玉出于情理，自己花钱买来几道好菜。本来，郑机那天只吩咐夫人买点鱼、肉、豆腐和黄酒作为生日餐。看到丰盛的佳肴，了解情况后，郑机不仅训斥了夫人，第二天还照价退还了章玉钱两。

颜氏子孙的"出仕家规"

广东省连平县颜氏家族在清代曾以"一门三世四节钺，五部十省八花翎"的显赫家世成为当时的"二十八世家"之一。

"一门三世四节钺"意思是说，在颜氏三代当中，颜希深（1729—1780）子孙中有四人做过巡抚、总督这样的封疆大吏。"五部十省八花翎"意思是说，在颜氏三代当中，颜氏一门分别在朝廷的"五部""十省"任过职并得到过八支朝廷赏戴的花翎。

是什么成就了颜氏家族的显赫家世呢？

首先，良好的家风使颜氏子孙养成了艰苦奋斗、克勤克俭、发愤读书的优良作风。

连平颜氏家族是在明崇祯年间到连平定居的。那时的连平尚未建城，1634年，连平颜氏的开基始祖颜振耀携两个儿子，从福建漳州府龙岩州缘岭河口村正式到连平定居。说白了，颜振耀是到连平垦荒的。对于贫苦家庭和垦荒家族来说，艰苦奋斗、克勤克俭自然会成为家风。颜振耀带着儿子努力奋斗，直到第三代，生活才达到了小康之家的水平，人口也开始旺盛起来。之后，颜氏先祖便以"荆树开花兄弟乐，书田无税子孙耕"来要求后辈们发愤读书，以求上进。到第五代，颜希深由贡生做到贵州巡抚、侍郎等职。后来颜希深之子检，孙伯焘、以燠先后出仕，均官至总督。由此，颜氏家族成为当时的显赫家族。

其次，颜希深之母何氏的贤良、爱国爱民的典范作用也深深影响了颜希深及其子孙。至今，民间还流传着乾隆年间颜希深之母教诲儿子"开仓济民"的故事：颜希深入仕后，为官清廉，从贡生直至云南巡抚，深孚众望。他在山东济南州任上，时逢特大水灾，难民前往衙署请求救济，颜希深对灾民深表同情，但又畏惧王法，不敢擅自开仓赈灾。老母何氏见状后，教诲儿子道："此乃人命关天之大事，还是从速施赈才是，纵使为此朝廷责罪下来，以我家数口，拯得千万灾民，这也值得。"颜希深遂开仓赈济，并亲自监发。此时，正逢乾隆帝南巡江南路过济南，知州颜希深下乡赈粮误了迎圣驾之大事。大臣和珅和山东巡抚见颜希深目无皇上擅发仓粮，又不来迎驾，要拿他问罪。何氏在乾隆帝面前晓以大义，乾隆帝深为钦佩，恩赦何氏须时常教儿女爱国爱民、做个贤母。后来，乾隆诰赠何氏一品夫人。

纵观颜希深祖孙三代，他们都能明于吏治、体察民情、对民宽厚、为民请命，而且为官清廉。这又是为什么呢？那就是"三十六字官箴"的启迪作用。可以说这是颜氏三代从政为官的座右铭。

"箴"，也叫箴言或箴词，是古代的一种文体，以规劝告诫为主。"官箴"，即做官人的格言。"跋"，也叫跋言或跋文，一般指写在书籍、文章等后面的短文，内容大多属评价、鉴定、考释之类。

三十六字的箴文，是颜希深在清乾隆二十三年（1758）任山东泰安府知府时，在旧科房的残壁中发现的。箴言原是明孝宗弘治年间流传的做官格言。当时，贞庵主人任泰安知州，曾将箴文刻石自警。这三十六字的箴文内容是："吏不畏吾严，而畏吾廉；民不服吾能，而服吾公。公则民不敢慢，廉则吏不敢欺。公生明，廉生威。"颜希深读了这碑文后，受到很大启发，将它移到署内西边走廊，并在碑文后面写了跋文，当作自己和后继做官人的座右铭，以鞭策自己，教诫属僚及子孙后代。

清嘉庆十九年（1814），颜检调任山东盐运使，时任泰安知府的王汝弼，因为知晓泰安府内"三十六字官箴"与颜希深的渊源，就将"三十六字官箴"的石刻拓本寄给了颜检。颜检看了箴言和父亲的跋文后，深感父亲为官数十年，"以诚事君，以德及民，以廉驭属，至今民怀吏畏，犹津津然称道不衰，所以整躬待物操持原有本也"。于是，他立志继承父亲的廉政精神，要勤勉自律。同年，颜检调任浙江巡抚。次年，颜检将"三十六字官箴"刻在杭州署内的墙壁上，奉为座右铭。道光元年（1821）颜检任福建巡抚期间，看到闽地群众，岁进荔枝树、素心兰，采运艰难，上疏力陈，恳切之言词深为道光帝赞许，道光帝下诏永远停贡，并嘉奖颜检忠直。历史上，称颜检"居官公慎，清洁自身"。

清嘉庆十九年（1814），伯焘考取翰林，颜检拿出先祖的箴词给伯焘看，并对伯焘说："你现在已进入官场，应该懂得做官的道理。此是先人的格言，实也是祖训。"伯焘接过来把它收藏好，道光二年（1822）伯焘授延榆绥道道台，颜检又教导说："你如今到外面做官，要随时以箴词勉励自己，不能松懈。"伯焘带着箴词去赴任，还写信请长安令张爱陶重刻石碑，放到碑林，以便广泛传播。于是就有了今天陕西西安碑林的官箴碑。伯焘于清道光二十年（1840）九月至清道光二十一年（1841）十二月为闽浙总督，因厦门失事，降三品顶戴留任。虽然颜伯焘被降职，但《清史稿》依然评价他说："颜伯焘怀抱忠愤，而无克敌致果之具。"还评价说："伯焘累世膺疆寄，娴习吏治，所至有声。"

颜氏三代均为官清廉，时至今日仍为人敬重。颜检说"三十六字官箴"既是先人的格言，实也是祖训。从这个意义上说，"三十六字官箴"就是颜氏三代的"出仕家规"。

朱德廉洁治家的"五心"家规

朱德（1886—1976）一生功勋卓著，他为中华人民共和国的建立和社会主义革命、建设事业作出了巨大的贡献。朱德在他一生的奋斗中所展现出来的崇高品德和精神风范，是党和人民的宝贵财富。朱德为官廉洁清正，始终将自己当作一名普通的共产党员。作为老一辈革命家，朱德一直保持着革命战争年代所养成的革命精神，克勤克俭。他非常注重对子女的教育，深知处理好大家小家的关系、教育好子女、过好"亲情关"的重要性，形成了廉洁清正的优良家风。

最能体现朱德家风的就是他所立下的"五心"家规：对信仰追求要有恒心，对党和人民要有忠心，对社会主义事业要有热心，对人民群众要有爱心，忠于职守要有公心。

"五心"家规是朱德作为一名老共产党人内心的理想与准则，家是最小国，只有先管好自己的家庭，才能治理好一个国家，如果连家庭都管理不好，治国就更无法实现。朱德对家人定下的这五条家规，正体现了他心中的家国观，而家人第一要做到的，就是廉洁清正。

朱德在老家有一个侄孙，不太安心留在条件艰苦的农村，曾多次给朱德写信，请求朱德把他安排到北京工作，都被朱德拒绝了。过了几年，这个侄孙作为适龄青年参了军，几年后临近复员时，他请求朱德帮忙在北京安排工作。朱德又拒绝了他，对他说："使不得，回原籍安置是政府的政策，我要带头执行，不能有半点特殊。仪陇县天地广阔，需要你，你要回老家去，由地方组织安排，无论干啥都要干好。"

一次，朱德在外地当兵的外孙刘健准备回京探望他。刘健所在部队的师长对朱老总十分崇敬，他得知此事后，将刘健叫到办公室，准备了两瓶汾酒、两瓶老陈醋和一些小米，托刘健带给朱老总，以表达自己的问候。

刘健到朱德家里后，朱德喜出望外，看见了两年没见的外孙心里十分开心，笑着说"我们的娃娃兵回来了"。一家人围坐在一起开开心心地聊着家常，朱德听到刘健在部队里表现很好，心里十分欣慰。刘健知道姥爷向来公私分明，从不轻易接受别人的礼物，因此他便一边悄悄地将师长捎回来的东西摆上桌子，一边又谨慎地向朱德说明缘由。

朱德的脸色一下子变了。他神情严肃、毫不客气地对外孙刘健说："你怎么学会收礼了！"刘健感到有些委屈冤枉，便向朱德申辩道："这怎么叫收礼呢？这是您的老部下像走亲访友般的一点心意嘛！"

朱德教育外孙说："不能因为我是委员长，就破坏三大纪律八项注意。"稍作停顿，朱德继续说道："我不接受任何礼物。"这时外祖母康克清走过来，严肃地对外孙刘健说："退回去，不许收礼！"刘健对他们说："这样退回去也很难办。"

朱德见外孙刘健一直僵持着，就对外孙说："你们师长的好意，我接受了；酒和醋可以留下，但我会按照酒和醋的市场价付钱的。你回部队后，代我向你们师长致谢。你把钱一定带回去，回去交给你们师长。"

刘健临回部队前，朱德又将他叫到身边，再三叮嘱他要把钱交给师长，还要求刘健把收据寄回来，好让自己知道师长是真收下了钱款。刘健返回部队后就按朱德的要求把钱交给了那位好心的师长，并把收据寄给了在北京的朱德。朱德语重心长地告诫儿孙："要想立身做人，首先要'内无妄想'，才能'外无妄动'。"

1974 年，朱德的儿子朱琦去世了。朱德的几个孙子都在外地工作。组织上考虑到朱德年事已高，身边没有子女照顾会不方便，因此特地把他在外地工作的孙子调回了北京。孙子回北京后，朱德对他说："我虽然年纪大了，但组织上对我有很好的照顾。我最大的希望是要你们成为可靠的革命接班人，不需要孝子贤孙。你从哪里来，还是回哪里去吧。"在朱德的劝说下，他的孙子又离开了北京，回到了原来的单位继续工作。

朱德常对子孙说："你们是革命的后代，要热爱老一辈的事业，不应关注老一辈的财产，你们是革命事业的接班人而不应该是我财产的继承人。我没有财产，我这里的一切包括我的整个生命都是属于党和人民的，没有党便没有我的一切，便没有你们。"朱德一生积攒下近两万元的"财富"，用女儿朱敏的话说："这来之不易的积蓄是爹爹用近似'虐待'自己的方式才换取来的。"临终前，朱德立下遗愿，将这些积蓄全部作为党费交给了党组织。

　　朱德垂范后代要为人清正廉洁，他曾对子孙们说："如果一个革命的家庭连自己的后代都管不好，那怎么能教育广大人民群众呢？"家风正则作风正、律己严，家风正则坐得稳、行得端。朱德正如他所钟爱的兰花一样，秉承着君子有德的正气。清芳谁得胜兰花，朱德的家规和家风，为我们树立了光辉的典范，值得我们好好学习。

李先念严禁子女经商

　　曾任国家主席的李先念（1909—1992），出生于湖北红安一个贫苦农民家庭。少年时期，做过木匠。从木匠到国家主席，李先念的传奇人生令人感慨！他的低调谨慎、严于律己的作风，令人敬服，他还低调谨慎地为子女立下了"不准经商"的"铁家规"。

　　李先念女儿李紫阳回忆说，战争年代，父亲身经百战，出生入死，但直到晚年，他还有两件事耿耿于怀：1932 年 6 月，蒋介石集结三十万大军进攻鄂豫皖苏区。由于张国焘的路线错误，红四方面军被迫进行战略转移。一天，已是师政委的李先念正在河口与敌人激战，他的母亲突然出现在战场上。听说儿子要转移，她迈开一双小脚，一口气跑了几十里路，一定要看看儿子。"父亲年轻气盛，担心祖母的安全，生气地说：'子弹不长眼，您怎么跑到战场上来了？'没说几句好话，就把老人家打发走了。可是万万没想到，就此一别，父亲此生再也没有见到自己的母亲。"那场战斗结束后，李先念发现自己的大衣口袋里有两块银元，是母亲偷偷留下的。后来，李先念一直将这两块银元带在身上。李紫阳说："整整六十年后，父亲最想念的还是祖母。他经常会念叨：

'我晚上做梦，又梦见妈妈了……'"

还有一件让李先念始终不能忘怀的事，那就是他在红四方面军和西路军中的战斗经历。李紫阳说："西路军对父亲来说是难忘的，他临终前说：'我最后再要求国家为我花一笔钱，把我的骨灰分三处撒到大别山、大巴山和祁连山，不这样，我对不起那些牺牲的战友……'"李先念去世后，遗体火化时，竟然发现了一块隐藏在他身体内达六十多年的弹片。这一遗物，也成了父亲留给子女最珍贵的精神财富。

李先念的小女儿李小林说，"保密"也是他们家的重要家规。现任中国人民对外友好协会会长的李小林，深知为党和国家保守秘密的重要意义，在这一方面，她从小就接受了李先念严守秘密的特殊家教："爸爸党性极强，从来不在家里议论他认为不应该说的事儿。他有一句名言，'最好的保密，就是什么都不知道'。所以我们家里从不议论中央的会议呀、人事呀、内幕情况呀，包括我妈妈在内都不知道，这是我们一贯的家风。"

1954年，李先念调任国务院副总理，兼任国务院财贸办公室主任，负责综合管理财政部、粮食部、商业部、对外贸易部、中国人民银行和全国供销合作总社的工作。他得知中央决定让他担任财政部部长的时候，感到非常吃惊，因为过去几十年，他几乎一直只与枪杆子打交道，对经济工作几乎一窍不通。他找到毛主席说自己干不了，请主席另选能人。毛主席笑着批评他说："你说你干不了，那我只好把国民党的财政部部长宋子文请回来了。"事实证明，毛主席的用人眼光是非常精准的，李先念在财政部部长的位子上一干就是二十一年，没有人能替代，即使是在"文化大革命"时期,国家经济也在李先念的委曲求全下,没有全面崩溃,保证了基本运转。

由于李先念长期掌管国家财政工作,在工商业界具有极高的威望。为此,他对自己的四个孩子订立了一条非常特别的规定,那就是"不准经商"。他曾经非常明确地对孩子们说:"你们谁要经商,我打断谁的腿!"这个严厉的规定,直到李先念1983年担任国家主席后,也一直被孩子们遵循着。因此有人将"不许经商"说成是国家主席李先念的"铁家规"。这条看似不近人情的家规,其实包含着超人智慧与深厚情感。这也从一个侧面表明李先念家规具有防微杜渐的远见卓识。

新中国成立后,李先念在湖北工作期间,生活条件已经得到改善,但他的一日三餐依旧是那么简单:早餐是一碗稀饭、一个馒头、一碟咸菜,中晚餐也不过是一荤一素一个汤;即使留客吃饭,他也从不加菜,只是在菜量上做些调整。1960年困难时期,李先念到红安视察,为了防止生活特殊化,他给炊事员立下三条规矩:"不准炒荤菜,不准煮米饭,不准搞酒喝。"如此"三个不准",岂止吃喝小事!

晚年的李先念,多种疾病缠身,医生建议他每天喝一杯鲜榨橙汁,补充维生素,提高免疫力。李先念爽快地接受了医生的建议。但当得知榨一杯橙汁常常需要四五个橙子时,他竟然坚决拒绝。后来,在医护人员和孩子们的再三劝慰下,他才同意一天榨两个橙子。李先念如此勤俭节约,与他"拒腐蚀永不沾"的防腐、反腐理念有关。他经常告诫自己和家人:"贪污腐化,侮辱人格。"这也可以说是李先念"铁家规"的重要组成部分。

焦裕禄不准子女搞特殊

《人民日报》1966 年 2 月 7 日发表了《县委书记的好榜样——焦裕禄》后，焦裕禄（1922—1964）的名字便响彻了中华大地。

出生于山东省淄博市北崮山村一个贫农家庭的焦裕禄，1962 年被调往河南省兰考县任县委书记。当时兰考县正遭受严重的内涝、风沙和盐碱灾害，形势十分严峻。焦裕禄上任后，立即带领全县人民进行封沙、治水、改地的斗争。他夙兴夜寐，身先士卒。风沙肆虐时，他亲自去查风口、探流沙；大雨滂沱时，他不顾安危，踏进洪水中察看流势；寒冬时节，他率领干部访贫问苦，登门为群众解决生活困难。他经常钻进农民的草庵、牛棚，同普通农民同吃同住同劳动。他把群众同自然灾害斗争的宝贵经验，一点一滴地集中起来，成为全县人民的共同财富，成为全县人民战胜灾害的有力武器。

焦裕禄由于长年累月满负荷地工作，终于积劳成疾，1964 年 5 月 14 日不幸逝世。那年，焦裕禄才四十二岁。

焦裕禄一生清廉，身居要职的他两袖清风，不属于自己的坚决不求取，从来没有为家人搞过特权，他的心始终和兰考人民在

焦裕禄剧照

一起。"为官一任，造福一方，遂了平生意。"这是习近平总书记青年时期对焦裕禄的高度评价。在家庭里，焦裕禄对子女严格要求，他提出的"不准搞特殊"的家规，焦家人上下恪守不怠。焦氏家风，不仅是这个二十余口的大家庭所恪守的准则，也应该成为新时代党政干群深入基层、亲民爱民、艰苦奋斗、无私奉献、廉洁奉公的一座精神丰碑。

　　一次，焦裕禄发现大儿子去剧院看戏，心想他哪里来的钱买票呢？焦裕禄就问他："戏票哪儿来的？"儿子说："收票叔叔向我要票，我说没有。叔叔问我是谁，我说焦书记是我爸爸，收票叔叔没有收票就让我进去了。"焦裕禄听了非常生气，当即把一家人叫来"训"了一顿，命令儿子立即把票钱如数给了剧院。之后，焦裕禄又专门起草了一个"干部十不准"的文件，规定任何干部不准搞特殊化。"干部十不准"主要内容有：

一、不准用国家的或集体的粮款或其他物资大吃大喝，请客送礼；

二、不准参加封建迷信活动；

三、不准赌博；

四、不准用粮食做酒做糖，挥霍浪费；

五、不准拿生产队现有的粮款或向社员派粮派款，唱戏、演电影，谁看戏谁拿钱，谁吃喝谁拿粮，一律不准向社会摊派；

六、业余剧团只能在本乡、本队演出，不准借春节演出为名，大卖衣服、道具，铺张浪费；

七、各机关、学校、企事业单位和党员干部都要以身作则，勤俭过年，一律不得请客送礼，一律不准拿国家物资到生产队换取国家统购统派物资，一律不准用公款组织晚会，一律不准送戏票，十排以前戏票不能光卖给机关干部，一律不准到商业部门、合作社部门要特殊照顾；

八、不准利用职权到生产队或其他部门索取物资；

九、积极搞好集体的副业生产，增加收入，改善生活，不准弃农经商，不准投机倒把；

十、不准借春节之机大办喜事，祝寿吃喜，大放鞭炮，挥霍浪费。

全体党员干部 十不准.

1. 不准用国家或集体的粮款大吃大喝,请客送礼.

2. 不准参戏或代买戏票建造住场.

3. 不准赌博.

4. 不准用公会做诗做墙撑盖派车.

5. 不准一切干部及职员的子数或的社会派发派款唱戏如其它娱乐活动派看戏听戏手购证哈会议车外一律之不准礼派.

6. 叶集剧团人员在手师手队建立不准到外地营叶演或更不准借春节演为名大买服装道具大采购浪费.

7. 各机关子接受企事业单位的党员干部高接礼品作则苦读任一律之送请客送礼一律之不准国家粮款作生产队换取国家统购统销.

焦裕禄制定的"干部十不准"手稿

021

焦守凤是焦裕禄的大女儿。焦守凤母亲曾亲手给她做过一件花色大衣。这件大衣，焦守凤一直穿到初中毕业。随着焦守凤个子长高，这件衣服穿在身上既不像大衣，也不像棉袄，有些不伦不类。况且大衣洗了拆，拆了洗，衣服上满是补丁，都已经发白了。班里有同学取笑她，说县委书记的女儿穿得还不如普通人家的孩子。焦守凤感到很委屈，就央求母亲给她买一件新的大衣。焦裕禄听到后，对她说："县委书记的孩子并不特殊，要说特殊，只能是更加爱学习，爱劳动，而不是爱攀比。学习上向先进看齐，生活条件跟差的比！"

焦守凤作为家里的长女，在上学读书的同时，又要帮父母做家务，还要照料年幼的弟弟妹妹们，父亲常年忙于工作，这让在家里的她要拿出更多的精力来干家务活，受这些影响，她中考落榜了。但她很渴望继续读书，哭着要父亲给她安排复读，但焦裕禄拒绝了；有几个好单位希望焦守凤去他们那里上班，工作很轻松体面，做打字员、做老师或者做话务员，但焦裕禄知道后都一一拒绝了。他对女儿说："年轻人应干点脏活、累活，要找一个体力劳动比较重的职业去锻炼锻炼。"

焦裕禄带着大女儿来到了县食品加工厂，焦守凤本来已经做好做辛苦工作的准备，但当她到了这里后还是傻眼了。焦裕禄对厂长张树森交代："我的女儿在这里做临时工，你们不要因为我是县委书记，就对她另眼相待，应该对她严格要求。请把她安排在酱菜组，这对改造她的思想有好处。"就这样，焦守凤成了一名腌咸菜的小工。她一天需要腌上千斤的萝卜，切几百斤的辣椒。晚上下班时，她的双手早已被辣椒烧得火辣辣的疼，这让她夜里都睡不好觉，只得起来打盆凉水泡泡手。比腌咸菜更难的是，十八九岁的她还要挑着咸菜走街串巷地去吆喝叫卖。

焦守凤哭过很多次，她埋怨父亲对自己太过狠心，没让自己拥有轻松体面的工作，甚至赌气一个多月没有回家。

焦裕禄找到女儿，耐心地教育她："县委书记的女儿，更应该热爱劳动，带头吃苦，不应该带头搞特殊化啊！"在焦裕禄的教育下，女儿逐渐理解了父亲的用心，对父亲所定下的"不准搞特殊"的家规有了更深的理解。此后，她甘心做好自己的工作，从未向父亲提过特殊的请求。有了大女儿作出表率，弟弟妹妹们更没有了搞特殊化的想法。

没过多久，焦裕禄病情恶化。焦守凤到郑州看望父亲，在病床前，焦裕禄摘下自己戴了多年的旧手表，交到她的手里，说："爸爸没让你继续读书，也没给你安排一个好工作，爸爸对不起你。这块旧手表是爸爸唯一的财产，送给你作个纪念吧。"女儿泪如雨下。后来这块手表成了焦家最珍贵的传家宝。

刻有习近平同志所作的《念奴娇·追思焦裕禄》石碑

用 "家国" 文化精华讲中国故事

家规，字面可理解为一个家庭对规矩的传承。

在中国几千年的传统文化中，"国" 和 "家" 是紧密相联的：国由家组成，有国才有家；家是国的细胞，家和万事兴，治国从治家开始。《礼记·大学》中说："古之欲明明德于天下者，先治其国；欲治其国者，先齐其家。"治国有国法，治家有家规。由于古有明训，因而体现道德规范和管理制度的家规在中华民族悠久的历史长河中，绵延了两三千年之久。

从上古的夏、商、周、春秋时代看，国和家基本同源，诸侯国实际上就是由各个父系大家族联合形成的宗族国家。西周的分封制，使得土地和人都属于同一宗族的王室所有。正如《诗经·小雅·北山》里描绘的那样："溥天之下，莫非王土；率土之滨，莫非王臣。"因此，当时王室的意愿就是所谓的法规。但在周朝日渐式微后，郑国法家子产倡导"铸刑书于鼎，以为国之常法"，开创了中国成文法之先河。

秦始皇实施"缘法而治"，强化了国家权威，"分户令"

促使个体家庭在中国出现。到西汉初，一些个体家庭不仅开始强大起来，而且在汉武帝采取了董仲舒"独尊儒术"的建议后，儒家的"家族本位"伦理得到贯彻，大家族得以迅速成长。一些国家法律难以规范这些大家族，而能有效约束家族内部行为举止的家规开始出现。据考证，家规始于汉魏南北朝，到唐朝得以发展，明清达到了鼎盛。

中国几千年的传统文化中不仅强调国是千万家、家是最小国，而且还强调治国先从治家开始，即所谓的"圣人正家以正天下者也"。例如以孝义治家闻名于世、子孙中无一人因贪墨被罢官的"江南第一家"——浙江金华的郑氏家族，自北宋重和元年（1118）传承至明天顺三年（1459），一百七十多人出仕无人贪墨，其家规中就有数条警示子孙"莫伸手"。

在中国传统文化中，家规是一个家族遗传下来的教育规范子孙后代的准则，并且强调内在修养和外在经世治国达到完美的统一。习近平总书记2013年11月26日在山东曲阜考察时强调，国无德不兴，人无德不立。加强全社会的思想道德建设，离不开家风的传承。而上面提到的"江南第一家"的《郑氏规范》只是中国数千年来的一个典范，在中国绵延几千年的历史中，有数不清的充满温情和智慧的传统家规。为此，我们汲取数千年中华民族"家国"文化的精华，选取有代表性的家教家规，将其分为家范篇、修身篇、劝学篇、励志篇、家规篇、教子篇和亲廉篇七篇，并配以图片或插图，用讲故事的方法把这些优秀传统表现出来。其意义在于吐故纳新，与时俱进，涵养新时代的家风，使千千万万个中国家庭成为国家发展、民族进步、社会和谐的重要基石。同时，这也是讲好中国故事的责任所在。

本书所讲述的家规是从二百多个存世家谱族谱和现当代优秀家规中选取的，它们或为首创类型，或为首篇典范，或为转折标志，或开启了时代风格，或为爱国志士树碑立传……这些典范的出现，不仅为中华古老而又传统的家规文化发展史增添了崭新而厚重的一页，更是中华民族传统文化的精华，也将永久地被载入中华文明的史册。

这里要说明的是，我国家规家训的形式多样、内容庞杂，有的以作文体现，有的以诗词歌赋体现，有的以家书体现……不一而足。在古代，皇帝王臣训诫下属、门客的敕文等也是家规的组成部分。所以，本书在编著过程中，并不以纯粹的家规家训族约进行遴选，而是以"泛"家规家训族约为遴选的标准，这些"泛"家规也是家规家训族约的重要组成部分。

本书在编纂过程中，中国社会科学院文学研究所研究员陈定家为本书写了序言，王青、王质纯、王绍宁、张一帆编写了部分篇目，在此一并表示感谢！

葛志强

农历丙申年岁末于京华